Иван Златковић

ЕПСКА БИОГРАФИЈА
МАРКА КРАЉЕВИЋА
Тематско-мотивска основа

I0655521

Библиотека
ВУКОВ САБОР

Уредници

Академик НАДА МИЛОШЕВИЋ-ЂОРЂЕВИЋ
Проф. др НЕНАД ЉУБИНКОВИЋ
СИМОН СИМОНОВИЋ

Рецензенти

Академик НАДА МИЛОШЕВИЋ-ЂОРЂЕВИЋ
Проф. др НЕНАД ЉУБИНКОВИЋ

На корицама

Мина Караџић Вукомановић
Марко Краљевић са шестоперцем (уље, 52×66 cm)

ИВАН ЗЛАТКОВИЋ

ЕПСКА БИОГРАФИЈА МАРКА КРАЉЕВИЋА

Тематско-мотивска основа

РАД · КПЗ СРБИЈЕ
ИНСТИТУТ ЗА КЊИЖЕВНОСТ И УМЕТНОСТ

Београд, 2006

Ова књига објављена је уз подршку
Министарства културе Републике Србије

ЕПСКА БИОГРАФИЈА МАРКА КРАЉЕВИЋА

УВОД

Марко Краљевић је најзнаменитији епски лик српске усмене традиције. О њему певају и приповедају и други јужнословенски народи, он је присутан у усменом фолклору целог балканског подручја.[1] Легенда о Марку обликује се вековима на различитим просторима Балкана уз утицаје многих елемената знатно шире епске баштине (комплекса интернационалних сижеа, тема и мотива), митских представа, историјског поимања и прилика, националних и верских обележја, па и литерарних утицаја који временом постају нераскидиви део усмене народне културе.

Први помени и записи песама о Марку Краљевићу везују се за период XVI и XVII века. На основу једног сплитског извештаја из 1547. године, може се доћи до закључка да је у то време већ било познато и радо слушано певање о овом јунаку. Хварски песник Петар Хекторовић, 1555. године, бележи прву целовиту бугарштицу „Марко Краљевић и брат му Андријаш", док Јурај Крижанић, почетком XVII века, у својим делима наводи стихове о Марку које је чуо још у свом детињству.[2]

Маркова епска биографија представљала је предмет интересовања многих научника и истраживача, књижевних историчара, и не само са наших простора, што указује на изузетан интернационални значај који се придаје овом јунаку све до данашњих дана и најновијих покушаја тума-

---

[1] О Марку се казује и код Албанаца, Грка, Мађара, Турака.
[2] Radmila Pešić, Nada Milošević-Đorđević, *Narodna književnost*, 202 (вид. Литература).

чења. Марковим ликом бавили су се многобројни знаменити европски научници, историчари, фолклористи, уметници, покушавајући да проникну, у оквиру обимног броја студија и дела, у кључне елементе његове биографије и епске карактеризације, самим тим и да укажу на основне потенцијалне узроке Маркове славе и популарности, посматрајући лик овог јунака најчешће у контексту традиције, или историјских околности у којима се обрео.

Тематско-мотивска основа песама о Марку, што представља предмет ове анализе, подразумева уочавање примарних чинилаца његове карактеризације. Истовремено, овакав приступ претпоставља и успостављање одговарајућег модела који ће на што обухватнији начин указивати на сложеност и слојевитост елемената који представљају биографију јунака.[3]

У том смислу, најсврсисходније је Маркову епску биографију тумачити на основу хронолошког принципа, иако то подразумева и извесну релативност у поступку, јер песништво о овом јунаку није прерасло у еп, већ се континуитет епских биографских елемената мора успостављати на основу записа песама насталих у различитим епохама и срединама, с различитим поимањем Маркових епских функција и атрибута.[4] Стога је у овој студији његова епска биографија (на темељу хронолошких елемената), систематизована у оквиру већих целина (тема) и мотива који представљају њен основ (биографије уопште), очитујући се као комплекс утврђених поступака (функција), при чему је ова-

---

[3] Међу значајније студије које се баве тематско-мотивском основом Маркове епске биографије треба убројити и анализе Срете Ј. Стојковића, Николе Банашевића, Михаила Халанског итд., док се мора имати у виду да се сваки иоле темељнији приступ заснива у мањој или већој мери на истраживању овог проблема.

[4] Чињеница је да је у периоду од шест векова испевано о Марку неколико хиљада песама, или чак близу милион стихова на просторима Балкана, што се чини импозантним ако се зна да један од највећих епова света *Махабхарата* има око двеста двадесет хиљада стихова.

кав теоријски приступ инспирисан поставкама научника Владимира Пропа и његовом анализом композиционе структуре руских бајки.[5] Проп је значајан као творац тзв. „наративне синтагматике" (или „синтаксичке семиотике"), теоријског принципа који ће представљати образац за изучавање структуралне и морфолошке природе бајке као жанра уопште.[6] У којој мери овај модел представља универзалан и инспиративан образац, показују и могућности његове примене на разноврсне облике приповедања, као и покушаји његовог усавршавања у студијама настављача Пропове замисли.[7]

Чињеница је да су Пропова проучавања бајке садржала и неке пропусте на које су критичари његовог дела указали, не умањујући при том значај и вредност оваквог приступа истраживању наративних облика, којим се омогућује да се на специфичан начин овлада њиховом морфолошком структуром.[8]

---

[5] Vladimir Prop, *Morfologija bajke*, 5–264.

[6] Основне карактеристике Проповог система представљају инваријабилни елементи схваћени као функције (поступци) ликова. Проп је утврдио да у сижеу бајке постоји 31 функција, као и да њихов распоред није произвољан већ сталан. Ликови (којих има седам) и атрибутска обележја су, према Пропу, варијабилни чиниоци композиционе структуре бајке.

[7] Пропова теоријска поставка наишла је на изузетно интересовање научника (не само у руској литератури, нпр. Е. М. Мелетинског, В. В. Иванова, В. Н. Топорова, већ и знатно шире), док су се покушајем усавршавања овог модела бавили Клод Бремон, А. Ж. Гремас, Алан Дандес итд. Њихови теоријски основи темеље се на индуктивним методима, редуковању Пропових функција, или успостављању система који је применљив и на друге наративне жанрове (вид. нпр. Klod Bremon, *Logika narativnih mogućnosti*, A. Ž. Gremas, *Aktanti, akteri, figure*). У нашој науци, у студији Наде Милошевић-Ђорђевић, Пропов модел се критички тумачи и примењује на облике легендарне приче и новеле (вид. Нада Милошевић-Ђорђевић, *Од бајке до изреке*, 23–55).

[8] Критички однос према Пропу међу првима је изнео Клод Леви-Строс, сматрајући да је његов метод функционалан, али да се мора допунити генеалошким, етнографским, контекстуалним чињеницама, при чему је Пропова анализа више формалистичке природе, апстра-

Теоријски модел који је примењен у овој студији (схватање појмова мотива и теме), међутим, није могао бити темељен само на Проповим дефиницијама, већ на синтетичком схватању различитих научних принципа (и „историјске" и „теоријске поетике"). У том смислу, посебан значај имају књижевна поимања Волфганга Кајзера, јер се мотив (задржавајући особености функције) тумачи као „схема неке конкретне ситуације", док се тема, чијим се прецизнијим одређењима Проп није ни бавио, схвата као „апстрактнији" и семантички обухватнији појам.[9]

Према томе, тежи се успостављању система тематско-мотивских чинилаца који се предочавају на основу поштовања иманентног хронолошког принципа и његовог континуитета, што се очитује и у тематским називима поглавља (Рођење, Детињство, Обележја, Сродници, Просидба, Женидба, Мегдан, Заробљавање, Ослобађање, Смрт), при чему се посебна пажња придаје елементима Маркове епске

хховани и затворени систем (вид. Klod Levi-Stros, *Struktura i forma*, 175–203). Слично мишљење у нашој науци износи и Љубинко Раденковић, доводећи у везу Пропов модел са различитим облицима наше традицијске културе (вид. Ljubinko Radenković, *Metodološki aspekti istraživanja semiotike teksta*, 112–113). Никола Милошевић, тумачећи релације у мишљењима Проп – Леви-Строс, сматра да се Леви-Строс бави структуралистичком ревизијом Пропове формалистичке мисли (вид. Nikola Milošević, *Filozofija strukturalizma*, 200). Новица Петковић с правом истиче да Пропов модел не обухвата све конструктивне елементе бајке и да се његове константе репродукују само на сижејном нивоу, при чему се „универзалношћу" овог система губи примарно обележје језичког и књижевног текста, постајући преводив на било који други уметнички језик (вид. Новица Петковић, *Језик у књижевном делу*, 414–415). Проблемом тумачења бајке са формалистичког и структуралистичког становишта бави се и Татјана Филиповић-Радулашки (вид. Татјана Филиповић-Радулашки, *Формалистичко и структуралистичко тумачење бајке*). Међутим, Пропова намера и није била да у *Морфологији бајке* обрађује проблеме ван синхроног проучавања текста, с обзиром да се његов метод заснива првенствено на изучавању само једног нивоа композиционе структуре бајке. Допуне својих теоријских поставки Проп износи у неким потоњим студијама (вид. нпр. Vladimir Prop, *Historijski koreni bajke*).

[9] Volfgang Kajzer, *Jezičko umetničko delo*, 66.

карактеризације, али и другим ликовима и њиховим функцијама које су у непосредној вези са овим јунаком. Сходно томе се у оквиру теме „обележја" говори о примарним Марковим атрибутским својствима (снага, оружје, коњ, вино), јер се она надовезује на претходне тематске целине („рођење" и „детињство"), представљајући логичку и семантичку везу са овим иницијалним моментима јунакове биографије (Марко ће нпр. већ рођењем стећи изузетне особине, али у детињству чудесну снагу, оружје, коња). Слично је и када је реч о наредној теми „сродници" (ликови мајке, оца, брата, сестре, сестрића, или „духовних сродника" побратима, посестриме, цара), јер се њихове заједничке функције морају посматрати у вези са претходним целинама, али и као основ за потпуније теоријско разматрање и свих наредних тема и поглавља.[10]

При тематско-мотивској анализи Маркове поетско-епске биографије коришћена је грађа од 170 (епских, епско-лирских и лирских) записа песама, са целог јужнословенског простора (примери из српских, македонских, бугарских, хрватских, муслиманских, словеначких извора).[11] Песме које се наводе у овој студији потичу из објављених сакупљачких збирки, антологија, часописа, рукописних збирки Архива САНУ, као и грађе са новијих теренских фолклористичких истраживања. Временски распон који одређује назначене примере представља период од неколико векова (од прве објављене бугарштице о Марку, 1568. године, до једног од последњих записа, из 1997. године). Критеријуми који су коришћени при избору песама засновани су на научно-естетским чиниоцима, биране су најстарије, најзначајније, најпо-

---

[10] О лику Маркове „љубе" биће речи у оквиру „женидбе", док се пажња у контексту овог поглавља посвећује и Марковом односу према „девојкама" и другим несродничким женским ликовима.

[11] Избор песама је углавном заснован на примерима који су објављени у *Антологији народних песама о Марку Краљевићу* (вид. Скраћенице и извори), с тим што је у овом случају проширен и за четрдесет нових записа (коришћен је већи број бугарштица, као и варијаната песама са других јужнословенских простора).

знатије, као и најквалитетније песме, али и оне које својом те-
матско-мотивском структуром омогућују да се Маркова епска
биографија сагледа што обухватније у свој сложености и сло-
јевитости.[12] Слично се поступало и са избором варијантних
примера, у избор су ушли најпознатији, међутим, водило се
рачуна и о томе да се при анализи користе они који потичу
са различитих простора, како би се јасније уочиле потенци-
јалне сличности, или различитости, чиме се основне црте
Маркове епске карактеризације употпуњују и објективније са-
гледавају.

Темељни принцип успостављања тематско-мотивских
чинилаца Маркове епске биографије, као што је истакну-
то, заснива се на поимању поступака ликова (елемената
које је Проп одредио функцијама).[13] Као примарне узима-
не су све значајне Маркове функције, али и они поступци
других ликова који су у најнепосреднијој вези са елементи-
ма Маркове карактеризације. Притом се није прибегавало
механичком примењивању Проповог модела, имајући у ви-
ду његову условност, нити дефиниције, с обзиром на то да
се функције у овом случају схватају у нешто аутономнијем
виду, као и због жанровских разлика којима се релативизу-
је могућност дословне примене. Иако се велики број по-
ступака ликова подудара, или може прилагодити Пропо-
вим формулацијама, епска поезија не поседује истоветни
„синтаксички код" као бајка, што се нарочито очитује на
нивоу њиховог редоследа (нпр. рођење јунака, које Проп
карактерише епским елементом, у бајци представља део
почетне ситуације, док се овај мотив у епској песми може
наћи у завршним стиховима; Пропова функција „нано-

---

[12] Вид. Регистар песама.

[13] Под функцијом треба подразумевати деловање, извршавање,
радњу, што је и у основи ове латинске речи. За Пропа функција
представља „поступак лика одређен с обзиром на његов значај за ток
радње" (Vladimir Prop, *Morfologija bajke*, 28). Слично одређење функ-
ције пре Пропа износи и руски формалиста Јириј Тињанов (вид. Тат-
јана Филиповић-Радулашки, *Формалистичко и структуралистичко
тумачење бајке*, 23–24).

шења штете" у бајци се доводи у везу са почетком заплета, а у епској поезији мотиви отимања, харања, такође, налазе се често на завршетку песама; слично је и са функцијом „свадбе" којом се, по Проповом мишљењу, бајка окончава, док се овај моменат у сижеу епске песме никако не везује само за завршну ситуацију). Истовремено, емотивни чиниоци, исказивање психолошког стања јунака, или експлицитно етичке функције, нису у толикој мери присутни у Проповом тумачењу бајке, али су веома битни када је реч о усменој епској поезији. Маркова психолошко-емотивна стања (нпр. љутња, страх, или морални пориви изражени мотивом кајања), значајна су и као функције у композиционој структури песама, али и незаобилазни елементи у његовој карактеризацији. У том смислу, тежило се што обухватнијем и детаљнијем сагледавању чинилаца Маркове епске биографије,[14] имајући у виду да јунак представља окосницу и носиоца разних мотива, јер се под његовом „карактеристиком" подразумева систем елемената који су у нераскидивој вези са његовом личношћу.[15]

Проблем који се јавља при покушају каталогизације мотива (функција) представља подударање извесних функција, односно вишезначност одређених поступака (нпр. Марков *обрачун* с противником, што подразумева погубљење, истовремено је и чин Маркове *освете*), као и објективна немогућност да попис поступака ликова (тематско-мотивских елемената) буде савршено прецизан и обухватан.[16]

[14] То се очитује у овој студији и у примени различитих могућности тумачења (формалистичких, структуралистичких, семиотичких, компаративистичких, историјских, иманентно-интерпретативних, али и етнографских, митолошких итд.).

[15] Вид. Б. В. Томашевски, *Теорија књижевности*, 219.

[16] У нашој научној литератури најпознатији је *Индекс мотива народних песама балканских Словена* Бранислава Крстића. Специфичан индекс сачињен само на основу записа песама о Марку објављен је у *Антологији народних песама о Марку Краљевићу* (о сличностима и разликама у односу на начин каталогизације функција у овој студији и поменутом индексу, вид. у оквиру Напомене за Регистар функција).

Регистар функција, који је део Додатка у овој студији, нуди могућности детаљнијег уочавања Маркових поступака који представљају тематско-мотивску основу његове епске биографије,[17] уколико се прихвати суштинско полазиште да се најбитнији карактеролошки чиниоци о јунаку могу најбоље сагледати на основу његових поступака (као и функција других ликова у корелацији са Марком).[18] Наравно, при оваквом начину аналитичког тумачења морају се подразумевати и специфичности усменог фолклора који тежи „канонизацији", „устаљености поретка", одликујући се утврђеним „књижевним кодом" и „естетиком истоветности", за разлику од уметничког и индивидуалног стваралаштва, с обзиром на то да примарну улогу над естетском има утилитарни карактер.[19]

---

[17] Вид. Регистар функција.

[18] Проп је, као и други формалисти и структуралисти, знатно већу пажњу посвећивао догађајима но ликовима, при чему њихова „индивидуализована суштина" остаје ван домена његовог правог интересовања (вид. Џонатан Калер, *Структуралистичка поетика*, 344).

[19] Ове особености фолклора истицали су многи научници (вид. Roman Jakobson, Pjotr Bogatirjov, *Folklor kao naročiti oblik stvaralaštva*, 21; Mihail Bahtin, *Ep i roman*, 125; Jan Mukaržovski, *Struktura, funkcija, znak, vrednost*, 55).

ТЕМАТСКО-МОТИВСКА ОСНОВА
ПЕСАМА О МАРКУ КРАЉЕВИЋУ

Представљајући једног од најзначајнијих јунака јужнословенске усмене традиције, лик Марка Краљевића вековима је уобличаван у складу са националним, историјским, социјалним, митским и религијским идејама различитих временских епоха и простора.

Његов епски лик захтевао је специфично грађење биографије која се употпуњавала и усложњавала по свим принципима и законитостима усменог певања. Наставши првенствено на основама историјског поимања, он постаје „архетипска матрица" и за свеколике елементе и утицаје универзалног витешког кодекса и различитих традиционалних представа.

1. РОЂЕЊЕ

Марков епски идентитет подразумева, у оквирима усмене поетске биографије, утврђивање свих важних чинилаца којима се његов лик конституише. Као хронолошки иницијални моменат појављује се рођење јунака. Усмено песништво о Марку Краљевићу није уобличено у еп и тематско-мотивска разноврсност песама о овом јунаку подразумева и различите начине обликовања теме рођења у варијантама песама са јужнословенског подручја.

Изузетан по својим особеностима Марков лик захтева и одговарајуће порекло или необично рођење, у складу са законитостима биографије јунака. У песмама из српских збирки ова тема се обрађује на различите начине. У песми, коју је Вук Караџић забележио од Стојана Хајдука, Марково рођење происходи из Вукашиновог брака са Јевросимом, Момчиловом сестром.[1] Истовремено, рођење јунака се у овом случају не односи само на Марка, јер стихови потврђују и рођење његовог брата Андрије. У последњим стиховима Вуковог записа, међутим, износи се посебна „квалитативна" релација између Марка и његовог, по свему, епског претка – ујака Момчила. Очито је да се веза, у овом случају, успоставља на основу сродничке „вертикале", и то преко мајчине стране, што је у контексту Маркове епске биографије и од особеног значаја.[2] Сличност међу овим епским јунацима карактерише се на нивоу унутрашњих, етичких и психолошких чинилаца, спољашњих елемената и митских атрибута. Марко преузима моралну и физичку грандиозност свог претходника (ујака Момчила), која се доводи у контраст са ликом Марковог оца, али се и његови атрибути (коњ и оружје) посматрају у контексту митских представа на којима почива изузетност јунака као што је Момчило (крилати коњ Јабучило, Момчилова сабља „са очима"). Марко на тај начин стиче значајне епске и витешке црте, као и особена и митска својства, што представља основне елементе његове епске биографије.

Занимљиво је да је сиже овог Караџићевог записа подстакао многе историчаре књижевности да у њему препознају неке од могућих црта у вези са историчношћу ликова и догађаја, који би могли бити од важности за утврђивање историјски веродостојних чињеница, као и њихову транспозицију у оквире усменог народног песништва уопште. Реч је, наиме, о карактеру усмене поезије да историјску грађу трансформише у „фиктивни свет епских мотива и си-

---

[1] Вид. Регистар песама, под бр. 1 (свако даље навођење бројева песама односи се на њихов редослед у Регистру).

[2] Имена Маркових ујака, поред Момчиловог, која се наводе су и Старина Новак, Никола итд. Утврђени односи између ујака и сестрића засновани су на представама које потичу из периода матријархата (вид. Петар Ш. Влаховић, *Трагови авункулата у јужнословенској народној поезији*, 205–213).

жеа",[3] представљајући врсту народне хронике и усмене историје.[4]

Донекле сличну паралелу, на основу стицања посебних јуначких својстава преко мајчине стране, налазимо и у историјском циклусу песама о новогрчком јунаку Дигенису Акрити. Сроднич ка „вертикала" у овој усменој традицији успостављена је са још више генеалошких елемената. У примерима песама наводи се да је Дигенисов деда Андроник схваћен као родоначелник епског „континуитета" који се наставља и конкретизује кроз ликове његових синова, Дигенисових ујака (нпр. Јанос), али и кћерке (лик јунак-девојке), Дигенисове мајке, чија епска својства наслеђује и Дигенис.

Уочљиво је да и Марко и Дигенис своје епско порекло дугују прецима по мајчиној страни, при чему је очева личност секундарног карактера, или другачија по функционалности, о чему ће тек бити речи. То потврђује, с обзиром на балкански простор и могућности прожимања традиција, утицаје матријархалне културе као иманентне елементарне структуре у оквирима епских система који припадају „макроструктурама", односно усменим традицијама јужнословенских и балканских народа.

Сем првенствено епских својстава које Марко стиче од мајке (на индиректан или директан начин), он ће најнепосредније по мајчиној страни обезбедити и своје митско и

---

[3] Јован Деретић, *Загонетка Марка Краљевића*, 58.

[4] Марков епски предак војвода Момчило заправо је деспот и севастократор Момчило који је у четрнаестом веку имао значајну улогу на српско-бугарској и бугарско-византијској граници, а историјски извори који говоре о његовој смрти испред зидина Перитериона указују на велику сличност са записима песама и варијаната о његовој погибији (вид. Ненад Љубинковић, *Војвода Момчило у савременим хроникама и усменој епској народној песми*, 223–234). Када је реч о успостављању веза између Марка и Момчила, занимљиво је да у једној од најстаријих варијаната о Момчиловој смрти („Момчило и паша Асан-ага", из Тефтера манастира Грабовца, 1735–1737), овај епски Марков предак, поред низа других атрибутивних сличности са њим, поседује и коња који се зове Шарац (вид. Миодраг Матицки, *Историја као предање*, 140–143).

божанско порекло. У овом случају реч је о чудесном Марковом рођењу које је последица љубавне везе између јунаковог оца Вукашина и виле. У неколиким примерима из хрватских песничких зборника, Вукашин ће „уловити" вилу, а она ће му родити синове Марка и Андрију. И у овом случају истиче се заједничко рођење јунака, при чему нема експлицитне епске диференцијације међу браћом, као што је то случај у Караџићевом примеру, где се „примат" даје Марку. Чињеница је да овим мотивом и Марко, попут многих других јунака, постаје део митског и херојског „пантеона", чиме његова епска биографија добија универзалне црте.[5] Сврховитост митског порекла од виле је, пре свега, тежња да се јунаку обезбеди, у складу са традицијом, и изузетно порекло. Натприродна својства митског претка (виле) директан су предуслов за успостављање читавог мотивационог система у уобличавању Маркове карактеризације. На тај начин Марко стиче и могућност сједињавања епских и митских елемената, који имају за циљ да афирмишу лик јунака и подаре му другачија својства, којима ће се уздизати над другима и разликовати од њих.

Нешто другачији облик митизације јунаковог порекла происходи из уверења да је Марко рођен из љубавне везе између змаја и жене. Ово простиче из народних представа и веровања о овом митском бићу чија је једна од основних функција да буде заштитник свога племена („градобранитељ"), поседујући као једну од основних особина – похотљивост у односу према женама, што је као представа о змају-љубавнику присутно у многим традицијама.[6] Мушки митски предак, Марков отац, оличен у лику змаја, истовремено је родитељ и другим српским јунацима који потичу из

---

[5] Из чудесног брака у којем је мајка митско божанство, настају и многи антички хероји (нпр. Херакле, Ахил, Енеј).

[6] Змајеви су велики љубавници и „радо воде љубав са лепим и младим женама" (*Српски митолошки речник*, 144). Ово интернационално обележје (љубав између натприродног бића и жене) у књижевности, означено је темом под називом „Амор и Психа".

исте везе. Тиме се изузетна својства приписују каталошким набрајањем читавом низу српских јунака, чиме се заједнички принцип чудесног рођења везује и за целокупни српски херојски „пантеон".[7] Марко је на тај начин део „каталога" у којем је, кроз анахронијски принцип, изражена потреба за универзалним „епским братством", сједињеним значајним елементима митског зачећа и историјске и епске функције у српској усменој традицији.

Заједничко порекло се у овом случају потврђује и посебним материјалним ознакама на телу јунака, које их чине и физички различитим у односу на друге (младеж на мишици и у њему бич вучје длаке, на бедрима сабља и на њој крстасти барјак).[8] Знак који поседује и Марко, истовремено је митска специфичност која упућује на представе тотемистичког карактера и релације са божанствима хтоничног света, али и спој општих епских и хришћанских елемената, очитујући се и као апотропејско обележје.

Марково порекло од змаја може се довести у везу са култом који је био развијен на подручју данашње Македоније, конкретније за његову престоницу Прилеп, и који се, како тврди Веселин Чајкановић, везивао и за лик грчког цара Александра Македонског. Преузимајући својства митских и епских претходника подручја на којима су и настајале прве песме и казивања о Марку, он преузима и обележја култа Александра Македонског, посредно се везујући и за представе о „змају краљевићу".[9]

---

[7] Овде припадају и Милош Обилић, Змај Огњени Вук, Реља Бошњанин, Бановић Секула, Бановић Страхиња, Љутица Богдан.

[8] Вид. песму бр. 131. Слично физичко обележје на телу Марко има и у варијанти о Вукашину и Момчилу, у којој се Вукашин жени његовом сестром Јелисавком (вид. песму бр. 132). Овакво Марково својство потиче из народних представа и веровања да змајеви потомци имају и крилца под пазухом (Вид. Душан Бандић, *Народна религија у 100 појмова*, 76).

[9] Чајкановић је сматрао да је Марко наследио култна својства свог македонског претходника и да је управо Александров култ имао највећег утицаја на песме и предања о Марку на тим просторима (вид. Веселин Чајкановић, *О постанку и развоју српске народне поезије*, 94–95).

Наиме, Александар је син легендарног цара Нехтенава, познаваоца магијских вештина, и Филипове жене Олимпије. Предање казује како се Нехтенава једне ноћи преобрази у бога Амона, који представља спој змаја и грифона, и заче са Олимпијом будућег цара „целе васељене". Уочљиво је да постоји сличност између Марковог и Александровог чудесног порекла и рођења, које је и у овом случају утемељено на љубавној вези између митског и натприродног претка и жене, при чему овакав спој обезбеђује потомцима изузетна епска својства. Истовремено, постоји и утицај који је на уобличавање Маркове биографије могао имати не само култ Александра Македонског већ и средњовековни роман о њему, што може сведочити и о споју усмене традиције и литерарно уметничког карактера на обликовање усмене поетске легенде о овом јунаку.[10]

Чињеница је да чудесно рођење и порекло јунака представља почетни и хронолошки моменат у контексту његове биографије, уколико се она тумачи као целовит опус елемената, али такви тематско-мотивски чиниоци (којима се карактерише и детињство, први подвизи, необична смрт), настају, по правилу, знатно касније, готово при крају уобличавања јунаковог живота.[11] Морфолошки посматрано,

---

[10] Вид. *Роман о Троји – Роман о Александру Великом*. Треба имати на уму и значајан утицај феудалне епике на роман о Александру или *Александриду* (вид. Радмила Маринковић, *Свеīородна īосӣода срӣска*, 219). Велики број научника сматра да су песме које је нпр. Богољуб Петрановић добио од певача Илије Дивјановића, који је иначе био писмен и у извесној мери и образован, настајале више под утицајем литературе, но да су аутентичне и изворне.

[11] Ово мишљење између осталог заступао је и Никола Банашевић (вид. Никола Банашевић, *Циклус Марка Краљевића и одјеци француско-ӣалијанске виӣешке књижевносӣи*, 75). Сличну тврдњу износи и руски научник Виктор Жирмунски, потврђујући многобројним компаративним примерима да мотиви женидбе вилом или рођењем од змаја постају временом „шаблони", општа места која су незаобилазна у епским биографијама јунака (вид. В. М. Жирмунскій, *Сравниӣельное лиӣераӣуроведение*, 212). Духовито запажање, у том смислу, о Марковом чудесном зачећу износи и Салко Назечић, сматрајући да је Марко сам „родио" своје чудесне родитеље у оном

ни у примерима песама Марково рођење не представља сижејно иницијални елемент, оно је последица претходних догађаја и функција које су предуслов за његову конкретизацију. Стога је уочљива разлика у односу на композициону структуру бајке, па и других прозних жанрова (нпр. предања), где је, у морфолошком смислу, рођење јунака један од почетних чинилаца у структури ових усмених наративних форми.[12]

За разлику од усмене традиције, која према законитостима и могућностима епског стваралаштва уноси и историјске елементе, али и функционалне и значајне митолошке теме и мотиве којима се гради комплекснији „информационо-естетички систем" у вези са јунаком, прави историјски извори о Марковом рођењу и пореклу доста су штури, не доносећи много веродостојних и поузданих података. Наиме, познато је да је Марко син српскога краља Вукашина и краљице Јелене. О томе сведочи једна од двеју сачуваних Вукашинових повеља, у којој се поред њега и краљице „Аљене" помињу и имена њихових синова Марка и Андријаша.[13] Историчари су, међутим, различито тумачили годину Марковог рођења, нпр. Драгутин Костић је сматрао да је Марко могао бити рођен око 1345. године,[14] док савремени проучаваоци наводе 1335. годину.[15]

Непоуздано је и порекло породице Мрњавчевић, краља Вукашина и његовог брата деспота Јована Угљеше, Марковог стрица. У једном од најстаријих историографских дела, у којем има помена о овој знаменитој српској средњовековној властеоској породици, казује се како потичу из Ливна „од оца Мрњаве, који је у почетку био сиромашни

тренутку када му „стари" више као епској личности нису одговарали (вид. Salko Nazečić, *Epski Kraljević Marko*, 542–543).

[12] Вид. Vladimir Prop, *Morfologija bajke*, 92.

[13] Љуб. Стојановић, *Старе српске повеље и писма*, 116.

[14] Драгутин Костић, *Кад је рођен Марко Краљевић?*, 189–190.

[15] Раде Михаљчић, Нада Милошевић-Ђорђевић, у: *100 најзнаменитијих Срба*, 62.

властелин, али га је касније, с његовим синовима, цар Стефан много уздигао".[16] Даљи Орбинови наводи, према византијском историчару Халкондилу, о томе како је Вукашин био Стефанов пехарник, а Угљеша „главни коњушар", изазивају још већу сумњу у веродостојност података о пореклу Мрњавчевића.[17] Чињеница је, међутим, да је Орбинова тврдња о Мрњави као претку краља Вукашина и деспота Јована Угљеше утицала и на прихватање презимена Мрњавчевић, што је и каснија историографија, па и савремена наука, уважила.

Први веродостојни подаци о Мрњавчевићима везују се за половину XIV века. Историјски извори наводе да је Јован Угљеша око 1346. године владао крајем око Дубровника, а да је Вукашин, с тадашњом титулом жупана, био владар, половином XIV века, у прилепском крају, будућој престоници Мрњавчевића, а касније и његовог сина краља Марка.[18]

2. ДЕТИЊСТВО

Марково детињство засновано је на моментима који у његову биографију уносе спој реалистичко-социјалних, митолошких и фантастичних догађаја. Кроз руралне слике света, Марка најчешће карактеришу детаљи о нејаком чобанчету (док чува овце, или говеда), које ће бити малтретирано од других (нпр. брата), немоћно да се одупре и принуђено на инфериорне поступке.[19]

---

[16] Мавро Орбин, *Краљевство Словена*, 312–313.

[17] Георгије Острогорски сматра да се о Вукашиновом и Угљешином пореклу и младости не зна ништа поуздано, оцењујући неоснованим овакве Халкондилове претпоставке (вид. Георгије Острогорски, *Серска област после Душанове смрти*, 38).

[18] *Историја српског народа*, прва књига, 586.

[19] Слично детињство карактеристично је и за друге јунаке у оквиру словенског, европског или светског епског стваралаштва (нпр. белоруски „богатир" Иља Муромец, или фински јунак Кулерво који је такође био чобанин, па чак и афрички јунак Сунђата кога су, као и Марка, малтретирали док је био дечак).

Чињеница је да готово и нема српских песама о раном Марковом детињству, и да се овај момент његовог живота може тумачити углавном на основу записа из зборника других јужнословенских народа.[20] У овим песмама казује се о Марковом рођењу, крштавању, предсказивању особене јуначке и епске судбе, прогонству из родитељског дома (о најранијем периоду дечаштва, па све до првих херојских подвига).[21]

У српском усменом песништву о Марку, о детињству и раном младићком добу говориће се обликом ретроспекције, кроз евоцирање епски комичних успомена у којима централне мотиве представљају први јунакови обрачуни с противницима и прва подвижничка дела. Након иницијалне формуле, Маркове вечере с мајком и његовог „осмехивања“, следи дијалог, најчешће стилизован употребом словенске антитезе, као кратке експозиције, након чега Марко казује о догађајима из позиције јунака зрелог доба. Тако, у песми објављеној у „Вили“,[22] он ће приповедати мајци о свом обрачуну с Турчином, у којем ће однети победу на мегдану без икаква оружја (само „коњском торбицом“), док се у нешто дужој варијанти, на функције Марковог обрачуна са Голишан-везиром и борбе с Турцима, надовезује и мотив ослобађања робља, чиме се у завршној формули песме посебно велича његов јуначки поступак – „без топуза и бријатке ћорде / И без каква убојног оружја“.[23] У многобројним примерима о јунаковим првим обрачунима са противницима за овај мотив везује се функција ослобађања робља, како би се Марковим делима пружио наглашен заштитнички и социјални карактер, као значајан моменат у контексту витешког кодекса, на основу којег је његов лик у овим песмама и обликован.

---

[20] Вид. Скраћенице и изворе (ИНП, БНТ, Цепенков).
[21] Овај део Маркове биографије присутан је у српским предањима, нарочито моменти стицања снаге, прва јуначка дела итд.
[22] Вид. песму бр. 66.
[23] Вид. песму бр. 99.

3. ОБЕЛЕЖЈА

У песмама о Марку Краљевићу значајно место заузимају атрибутска својства (јунакова чудесна физичка моћ, оружје, коњ, вино), као и начини њиховог стицања, јер се јунаку морају обезбедити и изузетна обележја која ће га чинити знаменитим, „знаковно" препознатљивим и супериорнијим у односу на друге епске ликове.

3.1. Снага

Једна од основних Маркових особености је наднаравна снага. Ово својство карактеристично је и за многе друге јунаке светског епског песништва и традиције, представљајући незаобилазни елемент у њиховој карактеризацији. Посебна, хиперболисана, чудесна физичка моћ одликује и Херакла, Дигениса Акриту, Чадониса, Иљу Муромца, Кју Чулејна, Беовулфа, Кулерва итд.[24]

Маркова необична снага и фантастичне моћи, иако условљене комплексом општих интернационалних представа о својствима епских хероја, навеле су неке проучаваоце његове усмене легенде да ова обележја посматрају као основно тежиште у тумачењу узрока и разлога његове славе и популарности.[25]

Значајно место у Марковој карактеризацији представља начин стицања физичких особина које се, према иманентним хронолошким принципима биографије, сједињује

---

[24] Источњачког јунака Рустема, оца Сухрабовог, који је у десетој години био јачи од свих других, звали су због изразите снаге „Слоновити", јер је, према предању, био јак као сто двадесет слонова.

[25] Вук Караџић је сматрао да нема Србина који не зна за Марково јунаштво и снагу, јер је у своје време био јачи од свих других људи (вид. Вук Стеф. Караџић, *Етнографски списи*, 320). Као специфичан атрибут, Маркову снагу су за узрок његове славе истицали и Ватрослав Јагић и Томо Маретић (вид. Vatroslav Jagić, *Marko Kraljević u narodnim umotvorinama*, 379; Tomo Maretić, *Kosovski junaci i događaji u narodnoj epici*, 6).

у оквиру представа о јунаковом детињству. У јужнословенским песмама, а што је карактеристично и за тематско-мотивску структуру предања и приповедака, нејако чобанче ће, најчешће, помагати вилама или њиховом потомству (учинити им услугу).

У песми из хрватског зборника,[26] Марко ће начинити хлад вилама које су се трансформисале у змије, док ће у бугарском примеру,[27] вилу у колевци напојити водом. У оба записа, захвалне виле наградиће Марка чудесном снагом.[28] Иако је мотив вилиног награђивања битан део сижеа у обе песме, начин стицања снаге различито је уткан у њихову композициону структуру. Након кратког дијалога између вила и Марка, у првом примеру, уследиће награђивање, након чега ће јунак исказати добијене чудесне моћи пред братом („I za kraki on mi kravu zgrabi / I hiti ju preko krova kuće“). Даљи ток песме представља Марков одлазак у свет, харање његових двора у одсуству, повратак и обрачунавање са противником (у овом случају, царем), што представља контаминацију тема и мотива са песмама о Марку и Мини од Костура.

У бугарском примеру (записаном у Радују), Марково стицање снаге део је продужене експозиције, након чега се нижу тематско-мотивски чиниоци у склопу епизоде у вези са Марковим задобијањем оружја. Истовремено, стицању снаге претходи и јунаково успостављање посебног вида духовног сродства са вилама. Једна од њих ће га из захвалности побратимити, што захтева и утврђени епски поступак иницијације и посвећења у свет наднаравних и митских обележја. Да би могао да ступи у свет таквих духовних односа, који подразумева и задобијање елементарних епских физичких својстава, јунак ће морати да буде задојен „ви-

---

[26] Вид. песму бр. 5.

[27] Вид. песму бр. 6.

[28] Захвалност виле је најчешћи разлог задобијања Маркове чудесне снаге у народним предањима (вид. Снежана Самарџија, *Лик Марка Краљевића у народним приповеткама*, 152).

линским млеком". Овај мотив је од особене важности, јер се тако успоставља и потврђује врста односа, која је заснована на „роду по млеку", чиме Марко добија „помајку".[29] Успостављањем аутоматског континуитета и са младом вилом којој је јунак помогао, очитујући се на исти начин (као „сродство по млеку"), Марко у њој стиче посестриму. Ови односи, у представама и веровањима јужнословенских народа, имају статус „духовног сродства" које у нашој традицији има „примат" и над крвним сродством.[30]

Чудесна Маркова снага може се тумачити као „чаробно средство", јер епски јунак мора бити опремљен чудесним физичким својствима. Стицање „чаробног средства" битна је функција у делу заплета бајке. У морфолошком смислу, Марковом стицању изузетних моћи, као и у бајци, претходи појава виле (и у бајци – „дариваоца"), чија је улога да постави извесне услове или стави јунака на проверу. Добијање специфичних особина, у наведеној бугарској песми, условљено је дојењем, као предусловом, а провера, односно кушање Маркове снаге јавља се истовремено са иницијацијским поступком стицања „чаробног средства". Наиме, вила ће дојити Марка све док он из другог пута не буде успео да начини физички подвиг (подизање и бацање камена пренаглашене величине), чиме се потврђује успешност и сврсисходност поступка.[31]

Функционалност ових поступака огледа се и у томе што се делокруг функција ликова проширује, јер вила постаје

---

[29] Марко стиче вилу „помајку" и у већ поменутој Петрановићевој песми (вид. бр. 131) о чудесном зачећу жене са змајем, јер ће вила, а не жена, дојити Марка, што потврђује да се и најранији период његовог „епског живота" обликује према утврђеном традиционалном обрасцу.

[30] Тихомир Р. Ђорђевић, *Вештица и вила у нашем народном предању*, 97.

[31] Мотив Марковог кушања снаге увек је у вези са његовим хиперболисаним моћима: он ће покушати да из суве дреновине исцеди неколико капљи воде, или да подигне тежину целе Земље (вид. песме бр. 62 и 125).

Маркова помајка, посестрима, наградилац, даривалац (виле ће даривати Марка амајлијом као апотропејоном који треба да му омогући успех и нерањивост на мегданима), али и обавестилац, што ће у контексту задобијања и других атрибутских својстава бити од нарочите важности.[32]

3.2. Оружје

Марко ће посредством виле бити обавештаван о оружју (сабљи, нпр.), које је особено и, истовремено, примерено само изабраном јунаку. Он ће оружје освајати и на мегданима, али бити и дариван у сватовима, или награђиван за учињена витешка и херојска дела.

Вила посестрима ће пронаћи сабљу која се продаје, али коју красе посебна квалитативна обележја, о чему ће обавестити Марка. Ови мотиви карактеришу специфичност односа између Марка и виле на тај начин што вила преузима бригу о његовим јуначким атрибутима и посредно му их обезбеђује, што указује на митско порекло оружја. Као иницијални моменат јавља се „недостатак" (у овом случају примереног атрибутског елемента), који посредовањем, или поступком обавештавања (откривања), условљава функцију Марковог поласка, испуњење циља кроз куповину, или освајањем оружја након обрачуна са противником.

У једном од записа из Босне, на најнепосреднији начин казује се о Марковој пасији према оружју (сабљама), о њиховом броју, као и начинима задобијања. Композиционо грађена на принципима јунаковог дијалога с мајком, са измењеним формулним почетком (уместо вечере и пијења вина – мотив Марковог спремања за лов), ова песма на известан начин представља каталог јунакових сабљи којим

---

[32] И лик цареве кћери јавља се као еквивалент вили, јер је и она Марков даривалац и наградилац. Марко ће од ње бити награђен царевим писмом-заштитом да га нико не може погубити (вид. песму бр. 96).

се износе битна квантитативна обележја („У чардаку на четири стране, / Сва четири краја од дувара, / Чивилуци један до другога, / На свакоме сабља објешена").

Неколико је основних чинилаца назначено стиховима ове песме. Број сабљи, који указује на посебну Маркову наклоност према оружју (дух витешког кодекса и уважавања атрибутских обележја), потом хипотетичка материјална вредност, изражена мајчиним схватањем и представама („Да поскидаш сабље с чивилука, / Па да продаш за готово благо, / Платио би пола Цариграда, / Рана би ти до вијека била"), као и семантичност и симболичност опозиција, исказаних придевским својствима која се односе на сабље („Нека златна, а нека крвава"). Наведени елементи су иницијални део певачевог поступка, након чега ће се, кроз Марково образложење мајци, најпре негирати одређене функције, а затим разрађивати даљи чиниоци именовања оружја („Е, старице, моја мила мајко, / Није Марко купов'о за благо! / Ове што су златне посјеклице, / То су мајко, моје даровнице. / Ове што су у крв укапане, / Ово су ми сабље од мејдана"). И у наредним стиховима истицаће се доминантни поступци јунака у вези са стицањем и пореклом сабљи – кроз функције даривања и освајања оружја на мегданима („Ђе гођ Марко оде у сватове, / Дадоше ми сабљу од дарова. / Ђе гођ Марко на мејдан изађе, / Сваће добих сабљу од мејдана").[33]

Најмање је примера песама са куповањем оружја, јер се, иако је присутан мотив продаје, ове функције најчешће не спарују, с обзиром да се поступцима Марковог обрачунавања са јунацима и освајања њиховог оружја на мегдану постиже знатно сугестивнији „епски ефекат".

Назначени атрибутски елементи су у епској поезији неодвојиви део јунакове карактеризације, и они су у непосредној вези са функцијама (поступцима) ликова, те се може запазити да се и њихова номенклатура, језичко-стилским средствима, конкретизује и доводи у везу са јунаковим осо-

---

[33] Вид. песму бр. 8.

бинама и радњама. Стога, свако јунаково средство није само обичан предмет утилитарног карактера, већ у извесној мери епски „сакрализован" чинилац којим се материјално потврђују и конкретизују одређене функције. То се може очитовати, као у разматраном примеру, кроз симболичке и асоцијативне релације између епитета, појмова именовања и поступака на које Маркове сабље упућују (нпр. „златна – „даровница" – дивривање, у контексту женидбе јунака, или „крвава" – „сабља од мејдана", у оквиру обрачуна с противником).

На сличан начин овај процес се одвија и када се Маркова својства преносе на атрибуте (сходно представама о „додирној магији"). У неколиким записима из збирке Вука Караџића, Марково оружје ће „уливати" страх Турцима. Марко ће од кадије тражити правога „синцилата", да након надметања са Алил-агом не би било недоумице, нити разлога за кавгу. Алил-ага ће у тој ситуацији покушати да подмити дукатима кадију, али Марко ће се послужити другим средством, својим оружјем – буздованом, како би осигурао праведну пресуду.

Кадијино осећање страха заснива се на представи о опасности која му прети од могућег Марковог поступка („Јер видиш ли шестопер позлаћен, / Ако т' одем ударати њиме, / Неће тебе мелем требовати, / Мешћему ћеш и заборавити / А дукате ни видети нећеш"), након чега ће тежиште бити померено са Марка и његове хипотетичке функције на буздован, као примарни материјализовани и конкретизовани узрок кадијиног страха („Ефендију попаде грозница / Гледајућ шестопер позлаћен, / Синцилати, а дрћу му руке").[34] У овом случају, преношење персоналних обележја јунака на његова атрибутивна својства обезбеђује се метонимијским средствима, што за последицу има тачно одређену рецептивну функцију – страх од оружја, уместо од Марка. Тиме се застрашујућа јунакова претња манифестује кадијиним страхом од буздована, као материјалним сје-

---

[34] Вид. песму бр. 56.

динитељем свега што је у Марку, као потенцијалном противнику, симболички сједињено.[35] Можда је, у том смислу хиперболизације оружја, занимљив и опис из још једног примера, који је Вук Караџић, такође, забележио од Слепе Живане.[36] Застрашујући Марков буздован структурално је рашчлањен на „конструкцијске“ делове који су дати у градацијском низу према племенитости и лепоти материјала, али и антиградацијски у односу на тежину елемената од којих је сачињен („Четрдесет ока ладна гвожђа, / Дваест ока лепа чиста сребра, / И шест ока жеженога злата: / Једно с другим шесет и шест ока“).[37]

Не улазећи у лексичке различитости и модификације истих појмова при означавању назива оружја на просторима Јужних Словена (нпр. сабља, односно *сабја* – македонски, или буздован, односно *боздоѓан* – бугарски), уочљиво је да се при именовању и опису истиче неколико принципа. Уз општи појам додају се епитети и одредбе којима се истичу квантитативна одличја (буздован: *тешки, лаки*, што су и најчешће одредбе уз синонимни појам топуза); квалитативна обележја (сабља: *златна, окована, позлаћена, крвава, гола, танка, бритка, оштра, свитла, самоковна, исписана, нагла, зарђала, слаба*; буздован: *шестоперни, перни, позлаћени, од сребра, гвожђа*; копље: *повијено, убојито*; лук и стреле: *беле, златне, стрела черна*); као и карактеристике о географском пореклу или поступку стицања (*солунске* сабље, сабље *димишкиње*;[38] сабља *од мејдана, од дарова*). Други поступак заснован је на употреби назива

---

[35] Неће се само кадија плашити буздована, већ и многи други Маркови противници, између осталог и вила која је ранила његовог побратима Милоша, чиме се Марко својим атрибутивним средствима уздиже и над светом хтоничних божанстава.

[36] Вид. песму бр. 106.

[37] У једној песми из Милутиновићеве збирке сликовито се наводи и тежина Маркове *секире*. Тежа је, наиме, Маркова „балта од челика“, него тело погубљеног Роше харамбаше (вид. песму бр. 12).

[38] „Димишкиња“ или „димискија“ – сабља која је искована у Дамаску.

различитих врста, али и синонимних облика (нпр. сабља, *мач, ћорда, ћемерлија, аџемкиња, ѓадарина*; буздован, *тойуз, шестойерац*; пушка, *кубурлија, џевердан*). Општа карактеристика, дакле, у вези са описом и именовањем оружја је у томе да се они темеље на синтагматским одредбама (нпр. *сабља окована, тешка тойузина, бојно койље*), с тим да су могуће различите лексичке комбинације, као удвајање епитета (*свитла* сабља *йозлаћена)*, или именица *(сабја дийленица, стрела шатаранка)*, као и додавање предлога уз квалитативна обележја (нпр. буздован *од* гвожђа), при чему се више тежи придевским, односно атрибутским и општим обележјима но властитом именовању.

Очито да је поступак квалитативног описа и одређења особина врста, разноврснијом лексичком употребом, присутнији у називима сабљи (мач је ређа врста оружја) но буздована, што се, како је назначено, показује и у броју синонимних облика и назива ове врсте оружја.[39] То је у сваком случају и последица њихове фреквенције и употребе, јер сабља је готово обавезни елемент у наоружању јунака, много чешће средство, у борбама и обрачунима, но што је то случај са топузом (буздованом).[40]

Топуз је, међутим, веома важан вид личног Марковог наоружања, атрибутски елемент по којем је он препознатљив, нарочито у песмама са српског подручја, и то у Караџићевим збиркама. Као врста оружја он је у овим песмама и најсликовитије окарактерисан, представљајући најспецифичније убојито средство у Марковим рукама у борбама и обрачунима са јунацима и митским противницима. Уочљиво је да је топуз најфреквентнији у Караџићевим записима од певача Тешана Подруговића, као и у неколи-

---

[39] И други јунаци епских песама са наших простора поседују специфичне сабље, нпр. Момчилова „сабља са очима“, „шамлијанка“ Баје Пивљанина, или „навалија“ војводе Пријезде.

[40] Коњаник са сабљом (или мачем) представља архетипску слику која је присутна у свим традицијама. Сабља симболизују Маркову силину, оштрину, она је персонификација и продужетак његових руку.

ким песмама Слепе Живане. Карактеристично је, међутим, да се овој врсти Марковог оружја не приписују толико митски елементи, као што је то случај са сабљама (нпр. није мотивски развијен начин његовог стицања уз посредништво виле, нити су тако експлицитно назначене његове персонификацијске моћи), што никако не значи да га је могуће изопштити из митског контекста (Марко се буздованом обрачунава са вилама, баца га небу у облаке). Његова „суштаственост" ипак је усмерена више ка реалистичком, па чак комичном и пародијском, при чему се „код" његовог поимања помера и ка хиперболичном и гротескном, нарочито у Подруговићевим песмама, у којима је и Марков лик уобличаван на такав начин.[41] У којој је мери оружје битан моменат јунакове карактеризације, показује и пример песме у којој ће Марко сватовима Ђурђа Смедеревца упутити савет да га не скидају и за „совром" док пију „мрко вино", што није само у границама предострожности већ и одличје које улази и у кодекс понашања јунака који се ни у једној прилици не одвајају од својих атрибута („Оваки је адет у Србаља: / Прек' оружја пију мрко вино, / Под оружјем и санак бораве").[42]

Важност оружја показује и паралела са познатим јунацима, јер оно чини препознатљивим и друге ликове свеколиког митског, легендарног и епског светског стваралаштва. Дигенис Акрита има „ханцар од три педља", док јапански царевић Јамато поседује мач чудесних моћи. Акритски јунак Чадонис носи ишчупано дрво на леђима (што је карактеристично и за Маркове противнике). Херакле, или митска божанстава

---

[41] Највећи број песама о Марку Краљевићу Вук Караџић је записао од Тешана Подруговића. Његова визуелана карактеризација (атрибутска својства), одређени поступци, постају утврђена обележја на основу којих се Марков лик у усменом песништву најпре и перципира. Топуз је обавезан елемент у Подруговићевим песмама, не само при борбама и обрачунавању, већ и при Марковом спремању (опремању) пред полазак и у просидбу.

[42] Вид. песму бр. 30.

Скандинавије и Ирске (Тор и Дагда) имају тојаге и маљеве.[43] Рустем и Сухраб поседују буздоване, као и огуски Турци који се, попут Марка, с противницима обрачунавају „шестоперцем".[44]

Карактеристична појава у целокупној средњовековној витешкој епици (и митској традицији) је процес „сакрализације" јунакових атрибута. Тај поступак не заснива се само на уопштеном означавању синтагматским придевским одредбама или епитетима, но много више на начину потпуне индивидуализације и персонификације, што говори о карактеру и значају јунаковог оружја, коња, па и других обележја (нпр. делова јунакове опреме). Мач Карла Великог, изузетан и по свом легендарном пореклу, зове се „Џојоз", а његова оштрица, верује се, настала је од копља којим је Христос на крсту прободен. Необичан је и чувени „Екскалибур" краља Артура, који се одликује посебним митским својствима келтских предања и легенди. Општепознат је и Роландов „Дирандал", као и Сидови мачеви – „Калада" и „Тисона" које он осваја, попут Марка, у љутим бојевима (за „Тисону" се тврди да се налази и чува негде у Мадриду и дан-данас). Ту је свакако и чудесни Торов маљ који носи назив „Мјолнир".[45]

Већ је истицано да су основни начини стицања оружја у тематско-мотивској структури песама о Марку освајање, у току или након обрачуна са противницима, и даривање, односно награђивање. Марко ће, обрачунавајући се са Арапином, отети „сабљу дипленицу", како би задобио чудесно оружје („що се дипли дванаесе пъти, / що се вие, у сглабове крие, / що се вие, у пазука крие").[46] На сличан начин, Марко задобија оружје након обрачуна са хвалисавим Филипом Маџарином, или Турчином Алијом, чијом ће „са-

[43] Буздован представља еквивалент тојаги или маљу, а њихова заједничка симболика се очитује у владарској моћи и чврстини.

[44] У једној песми из збирке Новице Шаулића наводи се како Марко има буздован од седамдесет пера (вид. песму бр. 133).

[45] С обзиром да Тор представља персонификацију грома, на основу извесне аналогије са овим божанством, верује се да и Марко, у контексту митских представа, преузима одличја божанства грома.

[46] Вид. песму бр. 6. И Маркова сабља најчешће поседује персонификацијска обележја, што је уочљиво у многим примерима.

бљом димискијом" посећи „пуно право до три стотинице" јунака.[47] Међутим, и Марку ће јунак Беле Костурчето, у македонској варијанти песме о Марку и Мини од Костура, похаравши његове дворе, запленити, између осталог, и оружје које нико не може извадити из корица, сем Марковог седмогодишњег сина и Марка.[48] У двема песмама из Караџићеве збирке,[49] Турчин ће, полакомивши се, отети сабљу рањеном Вукашину, Марковом оцу, којом ће га и погубити. Марко, желећи да је купи, препознаје очево оружје по писаним ознакама и обележјима (имена ковача, Вукашина и Марка, или у другој варијанти, и имена светаца заштитника), успевајући да је поврати, обрачунавши се њоме са Турчином, и осветивши очеву смрт. Занимљива је песма коју је Караџић забележио од једног трговца из Босне, јер се у њој износе и материјална вредност Вукашиновог оружја, као и основни саставни делови („Гола сабља три стотин' дуката, / Коре су јој три стотин' дуката, /А гајтани три стотин' дуката").[50] Карактеристично је да се у оба примера наводи како ова убојита средства на себи имају одређене записе, на основу којих Марко и препознаје очево оружје. Посебну вредност су у нашем народу имале сабље, како се тврди, са ознакама (сигнатурама). Оне су носиле не само лични или свети карактер (са сопственим иницијалима, или светачким симболима и записима), већ и магијску и апотропејску улогу.[51] Најпознатије оружје тог типа у нашем народу било је „сабља са очима" или „мач вуковац".[52]

---

[47] Вид. песму бр. 67.

[48] Вид песму бр. 46. Ово обележје карактеристично је и за легенду о краљу Артуру и његов мач „Екскалибур".

[49] Вид. песме бр. 113 и 114.

[50] Вид. песму бр. 114.

[51] И у скандинавским веровањима и представама значајну функцију су имале магијске речи, записи из „руна", на оружју, којима се такође приписивао заштитни карактер (вид. *Еда*, 75).

[52] Душан Бандић, *Народна религија у 100 појмова*, 96–97. Тихомир Р. Ђорђевић наводи да су вештачке очи утиснуте на оружје имале улогу заштите против урока. У том смислу, и драго камење којим се сабља украшавала у почетку је имало исто магијску и заштитну фун-

Младожења ће девера Марка даривати светлим оружјем као сватовским даром. Царева кћер ће наградити, у знак захвалности, јунака заштитника многобројним даровима (али и посебним ритерским обележјем – сабљом окованом на „којој су три балчака златна, / И у њима три драга камена"), јер је ослободио из руку силнога Арапа који је хтеде на силу узети за „љубовцу". Марка ће „џефердалом" даривати посестриме виле, чиме се, и у овом случају, потврђује и митски карактер и порекло његовог оружја.

Изузетном јунаку, какав је Марко, одговара особито оружје, стога ће он у неколико прилика и огледати његов квалитет и моћ. Добивши сабљу на дар од девојчиног оца, младожења Марко ће је одмах опробати о камен и калдрму („Три аршина каменъ пресиече; / На сабльи се ништа не познае: / Воле Марко сабљу негъ девойку").[53] Пред обрачун са царевим одметником Мусом Кесеџијом, јунак ће огледавши „сабљу сакована", пресећи при том њоме пола ковачког наковња. Специфичност Марковог оружја се потврђује и у ситуацијама у којима се експлицитно истичу његова чудесна својства. Јунак ће сабљом пресећи кулу црнога Арапина или, освајајући цару арапске градове, топузином од „седамдесет оках" поломити врата на граду Окану, омогућивши султановој војсци да продре у унутрашњост зидина.[54] Под Марковим силовитим оружјем рушиће се и кула дубровачког краља („Кад удара тешком топузином, / Сва се љуља из темеља кула, / И просу се из куле камење").[55]

У којој мери је квалитет оружја битан чинилац за јунака најбоље показује запис песме о Марковом кажњавању

кцију, а тек је касније прешло у украс и накит. Ово је у нашем народу последица утицаја са истока, преко Турака (вид. Т. Р. Ђорђевић, *Белешке о нар. поезији*, 66).

[53] Вид. песму бр. 21.

[54] На сличан начин ће, нпр., и јунаци шпанског витеза Сида освојити Сарагосу и задобити је од Сарацена.

[55] Вид. песму бр. 30.

Новака ковача. Сујетни Марко, у потпуности ће исказати сопствену плаховитост, казнивши га зато што му није исковао најбољу сабљу, као што он то заслужује, већ његовом противнику Муси (Новакова увредљива паралела: „Бољу сабљу, а бољем јунаку" представљаће посебан мотивациони елемент за мотив кажњавања). Марко ће преварити Новака ковача да пружи руку како би му платио за труд, а потом ће му том истом сабљом, његовом рукотворином, посећи руку до рамена.[56] И кроз мајчину рецепцију Маркових могућих поступака, у неколиким записима песама, истичу се јунакове основне карактеролошке особености. Мајка ће саветовати Марка да не носи сабљу са собом, при поласку на причест у цркву, или га заклињати, вадећи дојке из недара, како не би „починио крв" на своје крсно име (Светог Ђорђа). Међутим, Марко се оглушује и о цареву забрану да се носи оружје за време муслиманског верског празника, Рамазана, што ће, и уз многе друге видове непоштовања царевог „јаска" (нпр. да не носи „зелену долому", или игра у колу уз „кадуне"), представљати еманацију јунаковог националног и верског пркоса. Необичан је и готово карикатуралан опис јогунастог и срдитог „божанства Марка" у једном примеру из Дубице. Марко ће шетати само у кошуљи од памука, опасавши преко ње своју „бритку ћорду".[57] Сабљи ће се обраћати са „дико моја", изражавајући посебан хипокористичан однос према њој, и заричући се да ће је нахранити и напојити телом и крвљу противника („Danas ću te nahraniti / B'jela tela Ivanova, / Sutra ću te napojiti / Krvi kralja budimskoga").[58] На сличан начин јунак ће говорити побратиму о својој „острој ћорди" (користећи се већ поменутим формулним глаголима и синтагмама у вези са сабљом – „напојио крвљу", или „јуначким напитао месом"),

---

[56] Вид. песму бр. 62.

[57] Присутни су и други начини ношења оружја, као и њихове функције: сабља се паше и преко ћурка, ставља на коња, као и топуз, који се баца и у облаке; копље се носи преко рамена, али ће Марко о њега везивати и Шарца.

[58] Вид. песму бр. 120.

али при чему ће га саветовати да се не треба хвалити оружјем, већ уздати у сопствене моћи („Срамота се фалит, побратиме, / свака j' добра кад је у јунака"),[59] што однос између Марка и његових атрибутских обележја карактерише на епски и етички сугестиван и сентенциозан начин.

3.3. Коњ

Марков коњ је персонифицирана митска животиња која преузима све функције људских бића у контексту епских захтева, који се пред њу постављају. Стога, он мора бити изузетних и необичних особина, као што је и сам Марко, као и сви атрибутски елементи који се сједињују и посредно карактеришу лик јунака. Марков коњ је нека врста симболичке конкретизације тотемистичких представа и односа између човека и животиње. Он, истовремено, означава јунакову хитрину, али поседује и посебну „релациону" улогу између хтоничног и света живих, јер се његова амбиваленција огледа у томе што је он не само противник нечистих сила, већ и њихов пратећи елемент.[60] Јунаков коњ наслеђује извесне особине митских предака (крила, хитрину, снагу, моћ језичког комуницирања), његови корени су у представама веома блиским свим традицијама и митолошким системима (нпр. у грчкој и античкој митологији – крилати божански Пегаз, или Ахилејеви коњи Ксант и Балиј, који су пореклом од божанстава, као и Еномејеви ати бржи и од ветра). И многи епски јунаци поседују коње изузетних особина: Александар Македонски је јахао чувеног Дучипала (Букефала), који није, попут Марковог Шарца, никоме другоме дозвољавао да га јаше; чувеног шареног ата Рахша поседовао је Рустем; јунак ирских легенди Кју Чулејн имао је краља ирских коња Греја. И у француским

---

[59] Вид. песму бр. 54.
[60] Вид. Љубинко Раденковић, *Симболика света у народној магији Јужних Словена*, 137.

и шпанским средњовековним романима и еповима, јунаци јашу коње који су славни (Роланд, нећак Карла Великог – Валентина, Ренуар – шареног коња Маргариса, шпански јунак Руј Дијас Сид, познатији као Сид Бојовник, поседовао је Бабијеку, кога је задобио у љутом боју код Севиље, док је посебан однос према овим животињама постојао у традицији огуских Турака који су на прво место стављали коња, а затим тек вука, за кога се сматрало, слично као и у нашој традицији, да представља њиховог митског претка.[61] Специфичне особине приписују се коњима и у оквиру акритског циклуса песама. Ове животиње говоре, хвале своје господаре, али су и њихове физичке моћи необичне: оне могу да једу гвожђе, прегризају камене стубове. Значајна паралела, на балканском простору, може се успоставити између Марка и пресловенских божанстава која се везују за древне митске представе о коњаницима.[62] У нашој епској традицији Марков коњ је налик Момчиловом Јабучилу, или коњу Реље Крилатице, који је, такође, „виловит" (однос између Реље и његовога ата указује на директно преношење својстава јунака на његове атрибуте), што је као особеност присутно и у односима између Марка и његовог коња.

У народним песмама о Марку Краљевићу веома значајан је процес именовања, као и карактеризације, па је његов Шарац, на јужнословенском простору, и *Шарин, Шаренак, Шарговилија, Шаркулија, Шароноги, Шарчић* итд. Уочљива су и синтагматска одређења којима се изражавају његове

<hr>

[61] У усменој традицији огуских Турака, „незнабошци" – противници огуских јунака, увек јашу шарене коње.

[62] Најчешће је истицана сличност са Трачким коњаником, чији се хтонични карактер доводи у везу са култом и обичајима народног празновања који су се одржали и до данас у Источној Србији, Македонији и Бугарској. Како сматра Миленко Филиповић, могуће је да је у источним областима Балкана било развијено веровање у териоморфно божанство у облику ове животиње, што је и утицало на развијање култа о Трачком коњанику (вид. Миленко С. Филиповић, *Трачки коњаник*, 67).

квалитативне особине (*добар* или *веран коњ, десно крило, коњ од мегдана*), или чудесна обележја (*виловит, крилат, видовит*). Присутни су и синонимни општи називи деминутивног или аугментативног карактера (*коњић, вранчић; вранчина, дебељара*), као и имена настала метафоричким одредбама, на основу особина хитрости и естетских поређења с другим животињама (*зекан, кобила ластојица, ждрал, лабуд*).[63]

Начин на који Марко задобија коња формулно је означен, и сличан поступку у вези и са другим његовим атрибутским обележјима. Наиме, стицање коња на тај начин улази у контекст митских димензија, као и Марково оружје, уз посредство виле и њених посредничких утицаја, условљеним успостављеним „духовним" односима јунаковим са овим митским бићем, које преузима на себе бригу о његовим атрибутима. Вила посестрима ће пронаћи Марку одговарајућег сапутника и, јавивши му се у сну, открити и како да оствари свој циљ.[64] И у овом случају, иницијални моменат је функција коју је Проп означио „недостатком", јер Марко тражи ата према себи, сопственим могућностима и епском статусу. Коњ каквог Марко жели је по свему чудесна животиња, изузетних моћи („Кои не може ранах допанути... Кои има у потаи крила... / Да га виле устрелит' не могу").[65]

Отклањање „недостатка" се у овом примеру реализује посредничком улогом брата Андријаша, јер ће он довести Марку чудесног ата из штала ердељског бана, Вукашино-

[63] Детаљнији регистар имена Маркових коња вид. у студији Милана Лукића, *Коњи у усменом народном стваралаштву о Марку Краљевићу*, 267–268.

[64] Вила није само посредник у Марковом стицању коња, она може бити истовремено и његов противник, али и заштитник, што је карактеристично за сиже песама са мотивом Марковог обрачунавања са вилом бродарицом, у којима ће она одговарати Марка од намере да закоље свог коња и његовом крвљу утоли жеђ (вид. песму бр. 81).

[65] Вид. песму бр. 11.

вог побратима, који ће га даривати Марку. Даривање је, стога, једна од основних функција, у контексту Марковог стицања коња. И отац ће Марку и Андријашу, када напуне дванаест година, даривати основне витешке атрибуте – коња и оружје, што је присутно као мотив и у епском стваралаштву других народа (и огуски јунак Бамси Бејрек ће, када буде стасао, добити шестопери буздован и коња).[66]

Марко ће и уз посредство мајке пронаћи ждребе очеве кобиле. Она ће му открити где се налази „Витезска кобила", након чега ће је Марко ухватити крај Дунава, а са њом и „шарено ждребенце". Тек пошто Марко открива сопствени идентитет и порекло, по оцу Вукашину, ждребе престаје да бежи и постаје кротко.[67] Извесна мотивска паралела може се успоставити и са средњовековним романом о Александру Великом, јер ће и Александар након борбе са необичним „вологлавим" и неугледним ждребетом, стећи своје трајно и препознатљиво обележје. И у српском предању, како бележи Вук Караџић, казивало се да је Марко свога Шарца купио од неких кириџија. Иако је био губав и неугледан, јунаку се он допаде јер беше снажнији од свих других коња.[68]

Јунак ће и куповати коња, дајући за њега „три бијела града", животињу митских и фантастичних својстава, која је налик своме господару (виловит и змајевит јунак), што се потврђује и визуелно, естетским карактеристикама („U sedlu mu bila vila staše, / A u grivi zmaj ognjeni spaše, / A u čelu dragi kamen sjaše").[69] Овакав коњ ће, кога Марко чува у потаји, бити и предмет похлепе других јунака, те ће га преварити и украсти му га, а што ће условити његов обрачун са својим неверним слугом и крадљивцем.

---

[66] Овај мотив присутан је и у нашем народном предању, јер ће вила, како се казује, даривати Марку Шарца (вид. Вук Стеф. Караџић, *Етнографски списи*, 320).

[67] Вид. песму бр. 9.

[68] Вид. Вук Стеф. Караџић, *Етнографски списи*, 320.

[69] Вид. песму бр. 10.

Марков ат може да прескочи девет планина, да од изласка до заласка Сунца обиђе Земљу са својим господаром, да сустигне вилу („Кад је Шарац сагледао вилу, / По с три копља у висину скаче, / По с четири добре у напредак, / Брзо Шарац достигао вилу").[70] Он разуме јунакове речи, поседује способност да говори готово све оне језике којима се служи и Марко (нпр. српски, македонски, бугарски, грчки, па чак и турски), поседује предсказивачке моћи, осећања, помаже господару у љутим бојевима (о чему ће бити речи и у оквиру поглавља о мегдану), па чак и пије вино са јунаком.

Коњ ће открити Марку где му је љуба сакрила оружје, како би могао да се обрачуна са Арапином и ослободи „три синџира робља"; одговараће јунака од намере да га прода, позивајући се на своју посебност, пожртвованост, заштитнички однос, заслуге и херојско дело, уз реминисценције на косовску легенду („Чујеш ли ме Марко господаре! / Немој мене ти да ме продадеш, / Јер не можеш ка мене да нађеш. / Знаш ли к'д смо у Косово биле, / Ја сам газив крвца до рамена, / Ти на мене крвца до колена. / Све дружина наша остадоа / У Косово, дома не дођоа. / Ја сам тебе Марко дома донев / И д'н д'нас ми смо у животу. / Греота је мене да продадеш").[71]

Специфичан емотивни однос успоставља се између јунака и његовог ата. Он је његово најкарактеристичније обележје, вечни сапутник, али, не ретко, и једино биће на које се може ослонити у свету наднаравних и противничких сила и утицаја. Стога, Марко ће се у недостатку ближих сродника хвалити својим коњем и његовим особинама, што је карактеристично за сиже песама о проналажењу брата или сестре. У разговору с мајком, Марко ће приповедати о томе како се свако у „дружини" хвали братом или сестром, док ће се он „немајући ниједнога" хвалити „шарином коњем од мејдана".[72]

---

[70] Вид. песму бр. 78.
[71] Вид. песму бр. 50.
[72] Вид. песму бр. 19.

Јунак обећава своме коњу да се никада од њега жив неће раставити; моли га за помоћ у борби против митских бића; свети смрт свога Шарца, потврђујући верност, пријатељство, заштитнички однос и блискост која је заснована на реципроцитету у релацијама између јунака и његовог ата (то показује сцена сусрета између Марка и Шарца у којој се он, препознавши господара, помами „ko nebeska str'jela, / Skače, vrišti, sve se zemlja trese", на шта ће Марко заплакати од среће, пољубити га и загрлити).[73]

Јунак ће појити свога Шарина „вином из Видина", његов коњ пије пред механом, „на дукате", служе га при том крчмарица или механџија.[74] Он ће попити „чабар вина", колико и Марко, при чему „крвав коњиц до ушију дође", а Марко „крвав до очију", након чега ће „ала алу појахати".[75] Можда нигде није процес симболичке „идентификације" између јунака и његовог коња сликовитији но у овој песми Старца Милије. Певачев поступак карактерише употреба паралелизама (кроз изједначавање количинских елемената), и коришћење истих епитета („крвав"). Врхунац представља метонимијска идентификација на основу митских елемената и представа о силини и моћи јунака и његовог коња, чиме се постиже њихова потпуна симбиоза. Марко и његов коњ, иначе, најчешће пију вино у ситуацијама које су у вези са функцијом спремања за полазак, или у ишчекивању јунака, непосредно пред обрачуне са противницима.[76]

Веома фреквентан мотив је спремање (опремање) коња за полазак (нарочито у примерима Тешана Подруговића). Ова функција је различито уобличавана, са више или мање појединости, што је у основи у зависности од задатака и

---

[73] Вид. песму бр. 63.

[74] Мотив је присутан и у народном предању. Марко ће свога коња, излечивши га од губе, прво научити да пије вино заједно са њим (вид. Вук Стеф. Караџић, *Етнографски списи*, 320).

[75] Вид. песму бр. 23.

[76] Коњ, као и његов господар Марко, ретко пије воду, једино у варијантама песама са мотивима забране пијења воде у гори и Марковог обрачуна са вилом бродарицом.

циљева које треба испунити, од њеног значаја у композиционој структури песама, али и од творачких моћи самих певача. У одређеном броју записа, овај мотив се наводи доста редуковано, без детаљнијег описа,[77] или само навођењем најелементарнијих радњи у вези са деловима коњске опреме („Та си спреми Шарца пеливана, / Си го стегна со девет колана").[78] Нешто опширнији описи присутни су када је реч о следећим функцијама: спремање коња пред полазак у извршење посебног задатка (добијање опкладе, нпр.), који је у непосредној зависности од издржљивости и снаге коња; спремање пред полазак на причест у цркву, или продају (Марко ће у овим ситуацијама претходно хранити, појити, или поткивати свог ата).

Овај формулни моменат присутан је у готово свим Подруговићевим песмама (сем у песми бр. 105), и заснован је на сједињавању свих атрибутских чинилаца који карактеришу Марков лик („Своме Шарцу потеже колане, / Па објеси мешину са вином / С друге стране тешку топузину, / Да не крива ни тамо ни амо").[79] Овакав опис се у другим Подруговићевим примерима модификује само у том смислу што ће бити надограђен елементима коњске опреме као што су „узда позлаћена", „ђема од челика", којом Марко заузздава свога Шарца, или пак „сура међедина", којом ће га покрити. Ретко ће бити изостављено неко од основних обележја („тулумина", нпр.), али се у том случају мотивска структура „попуњава" оружјем („Објеси му тешку топузину, / И гадаре с обадвије стране"), што показује да елиминација једног атрибутског елемента може условити удвајање другог.[80]

Оваква радња је устаљена без обзира на функције које ће уследити, било да је реч о Марковом поласку у просидбу, или на мегдан. Само у већ назначеној Подруговићевој

---

[77] Нпр. у песмама бр. 12, 21, 79, 111.
[78] Вид. песму бр. 46 или 77.
[79] Вид. песму бр. 96.
[80] Вид. песму бр. 59.

песми (бр. 105), елиминисани су сви остали атрибутски чиниоци сем коња, јер јунаковом поласку претходи мотив мајчиног саветовања да не носи ништа од оружја, како не би „учинио крвцу о празнику". Марко ће послушати савет и мотив опремања коња остаће неразвијен и крајње редукован.

Уочљиво је да основ структуре ових описа (садржинско попуњавање) представљају следећи елементи: формулне радње у вези са уређењем коњске опреме („затегнути", „зауздати", нпр.), а затим опремање оружјем (најчешће буздованом) и мешином за вино („тулумином"). Уколико се анализира Маркова визуелна појава, на основу назначених детаља, добија се следећи склоп: Марко на коњу, са једне стране „топузина" (са леве или десне, јер је позиција променљива), а са друге – „тулумина". Тиме се стиче представа о „тријади" атрибута, без којих је, под утицајем Подруговићевих песама у записима Вука Караџића, Маркова епска појава, у којој се сједињује комично, пародијско и гротескно, тешко замислива.

Ову чињеницу, у сваком случају, потврђују (или проблематизују) и примери песама у сакупљачким збиркама Симе Милутиновића и Благоја Стојадиновића. Описи Марковог спремања коња су готово истоветни као и у песмама Караџићеве збирке. Узмимо за пример један Милутиновићев и Стојадиновићев запис, поредећи га са било којим Подруговићевим примером (Милутиновић: „Извео је претила Шарина, / па донесе један мјешчић вина, / обеси га седлу о унксашу, / с друге стране топузину тешку / да не крива ни тамо ни амо"; [81] Стојадиновић: „Оседла га и заузда Марко, / И обеси тулумину вина, / С друге стране тешку топузину / Да не клима ни тамо ни амо").[82] И у овим стиховима, као и у Караџићевим (Подруговићевим), присутно је истоветно оружје, као и мешина за вино (разлика је једино што је код Милутиновића употребљен деминутив – „мјешчић",

---

[81] Вид. песму бр. 60.
[82] Вид. песму бр. 72.

48

док је код Стојадиновића, као и у Подруговићевим песма-
ма, то „тулумина“. Све ово указује на опште карактеристи-
ке и законитости стварања епске усмене поезије, које су
утемељене на формулативности како лексичкој, тако те-
матско-мотивској и сижејној.[83] То би се могло односити на
уобичајену могућност преузимања одређених творених мо-
дела, или на Подруговићев утицај на Милутиновићевог, од-
носно Стојадиновићевог певача Ђорђа Јагодића, пореклом
из Ужица, што је у овом последњем случају и могуће (с об-
зиром да је Стојадиновићева збирка објављена две и по де-
ценије касније од Караџићеве, и знајући какву је популар-
ност и утицај она могла имати на остале певаче и
сакупљаче Вуковог времена). Међутим, ако се има на уму
да је песма из Милутиновићеве збирке, забележена од Дра-
гоја Дрекаловића у Пилопаћи (Доња Морача), објављена и
штампана 1837. године (у Лајпцигу), што је неких осам го-
дина пре публиковања Караџићевих песама (у Бечу, 1845.
године),[84] може се поставити питање на који начин би По-
друговић уопште могао утицати на Милутиновићевог пе-
вача (с обзиром на назначену временску, али и географску
дистанцу), или се десило нешто друго, односно није ли нај-
типичнији мотив Марковог спремања коња настао још ра-
није, представљајући утврђени формулни образац који је
врло радо прихваћен од многих потоњих певача (па и од са-
мог Тешана Подруговића), или сакупљача који су и сами
вршили интервенције у записима песама. Ово је још
уочљивије ако се има у виду Марково спремање (опремање
јунака), које се знатно разликује у варијантама песама из

---

[83] Појам и дефиницију „формуле“, на основу примера усмене еп-
ске поезије, у област фолклористике уводе амерички научници Мил-
ман Пери и Алберт Лорд (вид. Albert B. Lord, *Певач прича*, I, 67). Знатно
шире и обухватније овај термин тумачи Алојз Шмаус, дефинишући
га као „метричко синтаксички модел“, настао на темељу проучавања
песама дугог стиха (вид. Alojz Šmaus, *Formula i metričko-sintaksički
model*, 86).

[84] Вид. Скраћенице и извори (Милутиновић и Караџић, СНП II).

Караџићеве и Милутиновићеве збирке, док је опис спремања коња, како се видело, готово истоветан.[85]

Знатно другачије мотивске представе постоје у примеру који је забележен на Корчули, као и у једној песми коју је испевао Старац Милија. У првом примеру, љуба ће спремати Марковог чудесног ата, који се због свог изгледа и особина чува ван домашаја злих очију и намера, а његова митска обележја добијају и соларни карактер, заснован на комплексу елемената света фолклорне фантастике („Ne sedla ga sedlom od konjika, / Nego sedlom od žarkoga sunca")[.86] У другом запису, из Караџићеве збирке, спремање јунаковог коња у складу је са функцијом која следи у оквиру „наративне синтагматике" песме (условљено Марковим поласком у просидбу). У овом случају, ата ће опремати слуге, док ће тежиште више бити на реалистичкој и формулној естетизацији елемената његове опреме и изгледа („А слуге му коња изведоше, / Оседлали седлом од позлате, / Покрили га чохом до копита, / Поврх свега пули рисовина, / Зауздали ђемом од челика")[.87]

У неким примерима песама се и не наводи мотив јунаковог спремања, већ само опремање коња пред полазак,[88] иако су ова два мотива у непосредној вези. Међутим, уколико су присутне обе функције – опис спремања јунака увек претходи овој другој.

3.4. Вино

Посебан атрибутски елемент је и Маркова „тулумина" (мешина, чаша), што је у потпуном сагласју са његовом епском одликом – склоношћу ка пијењу вина. Полазећи и у

---

[85] Вид. песме бр. 59 и 60.

[86] Вид. песму бр. 10.

[87] Вид. песму бр. 23. Марко спрема свога коња за просидбу и тако што га пере водом, чак сапуном и сунђером (вид. песму бр. 135).

[88] Нпр. у песмама бр. 12, 46, 55, 77.

просидбу, или на мегдане, чекајући противнике, Марко ће са собом, на свом Шарцу, носити тулумину с вином. Уколико се прате јунакови поступци (њихова сукцесија при наведеним описима спремања коња), уочава се да ће у многим примерима Марко прво окачити тулумину с вином, а тек онда топуз, што ће бити од посебне важности као начин успостављања равнотеже између ова два атрибутска чиниоца. Аугментативном употребом речи (а уз то још и епитетом „тешка") појачавају се квантитативна својства предмета, чиме се хиперболишу и Маркове моћи до нивоа комичних и гротескних ефеката.[89] Чини се да оружје на једној и вино на другој страни коња симболички представљају два основна пола Маркове карактеризације и личности, међу којима се на специфичан начин успоставља физичка, али и духовна равнотежа, коју карактерише ратничко и „раблеовско" схватање света.

Најчешћи појмови који се користе у вези са Марковом посудом за вино су *тулумина, тулум, мешина (мијешина), мех (мијех), чабар, аков.* О величини овог предмета најбоље говори један Петрановићев запис о обрачуну са троглавим Арапином, где Марко од Призренки девојки тражи тулум вина од седамдесет ока,[90] „замеђена и зашеђерена" вина.[91] Марко ће полазећи у просидбу попити пун чабар овог напитка, а љубав према њему карактерише и његовог брата Андрију, који би сред горе највише волео да (у анти-епском духу) пронађе аков вина и лепу девојку, уместо да се сукоби са убицом свога оца и освети његову смрт.[92] Марко ће пити и *златном чашом* („чешом") или *купом, пехаром.* О величини посуде говори се у још једном запису, у којем он, док чека противнике на мегдану, пије „леђеном"

---

[89] У епици многих народа комична хиперболизација јунака и његових својстава представља облик хероизације, али она при томе може имати и сатирички циљ (вид. Vladimir Prop, *Problemi komike i smeha*, 80–81).

[90] Ока – стара мера за течност, запремину и тежину (1, 28 кг).

[91] Вид. песму бр. 98.

[92] Вид. песму бр. 15.

од дванаест ока („Тулумину скиде са ункаша / И врже је у зелену траву, / Па он сједе пити мрко вино; / Не пије га чим се вино пије, / Већ леђеном од дванаест ока").[93] Марко пије и из купе, која ће срдитом јунаку, јер га цар позива на „диван", послужити као убојито средство у обрачуну са царевим чаушима („Расрди се Краљевићу Марко, / Пак довати ону купу с вином, / Па удара царева чауша, / Прште купа а прште и глава, / И проли се и крвца и вино").[94] Вино се у дворима Марковог побратима Леке капетана точи у златним посудама (Лекина тежи девет литара), док јунаке служе најчешће крчмарице (Маркова посестрима, девојка нпр.), али и слуге (Голубан), као и бића митског света (виле). Упечатљив је начин и опис служења у вези са Марковим противником џином од Латина, који пресреће сватове („Пије јунак црвенику вино, / Служи му га из горице вила / Десном руком и чашом од злата, / А лијевом му мезе додаје").[95]

Значајна функција у овом контексту је наздрављање („напијање чашом"). Она се уноси у сижејну конструкцију песама на неколико начина: само навођењем мотива и именовањем ликова који врше радњу (нпр. Марко и његов побратим Реља Бошњанин), или кроз краћу дијалошку форму редукованих елемената здравице и одговора на њу. Садржински чиниоци наздрављања су формулни, нарочито у почетним стиховима („Здрав да си..."), при чему форма здравица никада није развијенијег вербалног карактера, већ потпуно подређена особеностима епске песме и тока збивања.[96] Марко ће наздрављати будимској краљици, просећи њену кћер, при чему његова здравица има иронијско значење, док следећа, упућена Златанићу Павлу, којем је девојка обећана, прераста у сарказам и вређање, а до изра-

---

[93] Вид. песму бр. 95.

[94] Вид. песму бр. 123.

[95] Вид. песму бр. 29.

[96] У том смислу, здравица, па и сам поступак наздрављања, у епским песмама само делимично има обредно-ритуалну функцију „либације", која се односи на митске представе приношења жртви у пићу.

жаја долази јунаков гнев и комична спознаја о личном неуспеху („Он напуни другу чашу вина, / Напија је Златанићу Павлу: / Здрав, курвићу, Златанићу Павле! / Кад те, курво, седмакиње љубе, / Мене неће ни тридесткиње").[97] На здравицу се готово увек одговара, те ће Марко краљу од Агуше, који наздравља неуспелом покушају његовог сестрића да изврши низ свадбених задатака, одговорити на значењски супротан начин (стилизацијски поступак антитезе), пијући у знак испуњења задатака и сестрићеву успешност, чиме се истиче и потврђује епски статус Маркове лозе и његових потомака.[98]

Прерушени Марко ће, вративши се у своје дворе, здравицом кушати љубу и њену верност, као и однос према његовом брату Милошу. Седећи за „златном трпезом" јунак, кога нико не препознаје, „напијаће чашу" љуби Анђелији. Овај мотив се кроз кратке формулне елементе утраја, јер ће наздравити прво, тобоже, одсутном Марку, на шта ће љуба узети чашу, и дати је „оном до себека". Потом Марко наздравља Анђелији, при чему ће њена реакција бити истоветна претходној, док ће тек након потоњег наздрављања, упућеног нејаком Милошу, љуба испити чашу вина, потврђујући тиме статус Милошев као „кућног старјешине".[99] Присутан је и појам „добродошне чаше", коју сви јунаци сем Бановић-Секуле и Марка пружају силном Арапину при уласку у механу. Ова синтагма („добродошна чаша") односи се на добродошлицу која се жели јунаку, на обичај гостопримства и послуживања госта или намерника (у народној традицији најчешће вином или ракијом), али и на моменат хијерархијских вредности, којима се испитују односи, позиције и статус јунака у епском поретку. Арапин ће позвати јунака Секула на мегдан јер му није наздравио, односно показао покорност пред силнијим од себе, а на ме-

---

[97] Вид. песму бр. 27.
[98] Вид. песму бр. 31.
[99] Вид. песму бр. 51.

гдану, једини ће у помоћ притећи Марко који ће, посекавши Арапина, спасити Секулу.[100]

Вино као основ раздора и брачних размирица између Марка и његове љубе постоји у једној песми записаној у Прилепу. Карактеристично је то што љуба никад не сипа пуну чашу вина јунаку, због чега се он срдит одлучи да напусти свој дом. Након тога, Беле Костурчето хара Маркове дворе и отима поред „сабје дипленице" и његову „чашу чабурлију" од седам ока. Овај јунак ће пред прерушеним Марком испијати вино, кушајући себе да ли је силан у пићу као и његов противник („Ја подај ми чаша чабурлија / Што ја пленив од Марка Кралета, / Тури вино јас да се напијам / За да видам дали јас сум јунак, / Дали можам чабур да испијам").[101] Оваквав вид провере потврђује „епски култ" пијења вина, као једну од значајних функција у карактеризацији јунака. Кушање физичких моћи у испијању замашних количина вина, представља еквивалент сценама надметања, мегдана, или огледања оружја. Једном речју, епског хероја мора поред чудесне снаге красити и хиперболисана моћ пијења, јер је и она његово типично обележје. У том смислу, карактеристична је и констатација о начину препознавања „крвце" од јунака, изречена у смислу поуке, коју гавран упућује горском вуку („Ак' удара вином и дуваном, / То је, вуче, од јунака крвца").[102]

Марко ће, послушавши мајчин савет, преварити Чивутина који хоће да купи Свету гору, отворивши „мејану", на друму, сипајући му манастирско „неплетено" вино у „чешу" од седамдесет пет ока, да би га, док овај пије, погубио, отео му новац и тиме омогућио да Света гора остане хришћанска.[103]

Посве супротно, у већ помињаном краћем запису из Дубице, песми која се пева у „мушком" колу, Марко се зари-

[100] Вид. песму бр. 57.
[101] Вид. песму бр. 46.
[102] Вид. песму бр. 128.
[103] Вид. песму бр. 108.

че, између осталог, да ће се напојити вином из „калежа црквенога“, чиме се његов лик доводи у везу са низом бахатих, богохулних поступака, осликавајући га као насилника и верског отпадника („A ja ću se ponapiti / Rujna vina črljenoga / Iz kaleža crkvenoga: / Svoj ću barjak prisloniti / Uza dvore biskupove“).[104]

Веселин Чајкановић је у Марковој чаши видео и атрибутска обележја пресловенских божанстава (нпр. Трачког коњаника), или легендарних личности и хришћанских светаца (светога Саве), указујући тиме на процес наслеђивања атрибутских својстава у нашој традицији, њиховој модификацији и прилагођавању личностима којима припадају.[105] Основне значењске представе о посуди за вино везују се за божанства, представљајући њихова значајна обележја која поседују сакрални, обредни и симболички карактер. Путир или калеж у хришћанској традицији има значење вечног трајања, у њему је сачувана суштаственост рађања и постојања, али и судбе или усуда.[106]

Вино се доводи и у везу са крвљу, а у античкој митологији са култовима Диониса или Бахуса, као и са обележјима бесмртности. Оно је „радосно пиће живих“, везујући се и за божанства плодности, док се стање пијанства идентификује са спознајом, духовним светом божанских моћи.[107] Марко стога наслеђује и преузима својства ових божанстава, која су најчешће лунарног карактера, сједињујући облике трансформативности који проистичу из симболичких представа о вину (и виновој лози), плодности или родности, али и култова покојника, јер се улога вина у народној традицији посматра и у контексту свадбених и посмртних обреда.[108]

---

[104] Вид. песму бр. 120.
[105] Веселин Чајкановић, *О врховном богу у старој српској религији*, 109.
[106] J. Chevalier – A. Gheerbrant, *Rječnik simbola*, 243.
[107] *Исто*, 746–747.
[108] Љубинко Раденковић, *Симболика света у магији Јужних Словена*, 234.

Да је једна од најуочљивијих Маркових функција пијење вина, можда најбоље сведоче стихови у којима кћер бечког „ћесара“ износи суд о Марковој визуелној појави („Волила б’ га, моја мила мајко, / Волила б’ га к’о оца и мајку. / Нег’ и њему има нешто мане / Много пије црвенику вино, / Познајем му по лицу његову“).[109]

Није Марко једини јунак који неизмерно пије, по томе су у светским еповима и митолошким системима чувени и Ареј, велика свађалица и пијаница (божанство рата у грчкој митологији), низоземски јунак Сигфрид, Ренуар, знаменита епска личност француско-италијанске књижевности, многи акритски јунаци (песме акритског циклуса, најчешће, као и наше, почињу формулном ситуацијом пијења вина), као и ликови огуских епова.[110]

Пије се готово у свим приликама: пре поласка, као нека врста ритуалне припреме, пред обрачуне с противником, пред одлазак цару на „диван“, док се противник чека или пресреће, након мегдана, при просидби, у сватовима и током прослављања крсног имена, при сусрету или растанку с јунацима итд. Вино је подстицај за разговор и хвалу о јунаштву, или казивања којим се величају разни епски доживљаји. Пије се у механи („ладној“, „новој“, „пјаној“, „винској“, „крчми бјелој“), у гори, пред „чадором“, као и у „дворима“ јунака, за трпезом (златном) или „совром“.

Вино се увек пије седећи, што се најчешће означава формулним стиховима (нпр. „Сидоше пити добро вино“), а често се и „залаже бијелим симитом“. У чувеној песми о Љутици Богдану, јунаци ће вино „мезетити гроздним виноградом“, а „господа“ крај „бијеле Самодреже цркве“, у другом примеру, „шећер ију, а ракију пију“.

У композиционој структури песама мотив пијења може се наћи на почетку, као вид уводне формуле (нпр. „Вино

---

[109] Вид. песму бр. 24.

[110] И божанства скандинавске митологије позната су по пијењу огромних количина пића, Тȏр нпр. може да попије три бурета медовине.

пије Краљевићу Марко“, или „Пију вино до два побратима“), при чему се у наредним стиховима локализује место вршења радње, на просторно конкретнијем или ширем плану („У мејана Маре крчмарице“, или „у пространу стојну Цариграду“). У складу са поступком увођења ликова, у оквиру дате функције, у наставку се именују јунаци („једно бјеше Краљевићу Марко, / друго бјеше Накић Ибрахиме“). Овај мотив може се наћи и у последњим стиховима песама као вид завршне, финалне формуле (нпр. „Па он ходе те се напи вина“ или „И често се вина напијао“). О значају вина у усменој традицији и типизираним представама певача често казују и уводни стихови, у којима се јасно уочава да њихов карактер није у непосредној вези са догађајима и током радње, представљајући формулна стилизована обраћања и инвокације аудиторијуму, у духу комичних и пословичких алузија („Тешко нама без рујнога вина, / Тешко вуку кога тице хране; / А јунаку кога жене бране“).[111]

Марко пије и сам, али најчешће са побратимима (Милошем, Рељом, Јанком, Алијом Ђерзелезом), са јунацима у сватовима, са мајком, оцем, братом, сестрићем, љубом, коњем, док Маркови побратими пију и са вилама (нпр. Милош са вилом Равијојлом). Чест мотив је пијење са мајком (Марко ће с њом попити и чабар вина), посебно у оквиру уводне формуле и то краћих записа песама, чији сижеи подразумевају и функције вечере (најчешће „бела“, „сувога леба“ и „главицу лука“), уз епитете социјалног карактера („убога“, „малена“, „господска“).

Вино се временски пије у различитом трајању, што готово увек подразумева дуже интервале, у зависности од ситуације и прилике. Марко ће позвати побратима да пију „докле сване и сунце огране“, или ће са братом Андријом то чинити „три бела дана“. Просећи сестру Леке капетана јунаци пију „од неђеље опет до неђеље“. Марко ће, видајући вином своје ране, пити „један мјесец данах“, а сватови Реље Шестокриле чак три месеца.

---

[111] Вид. песму бр. 72.

У нашим народним песмама појам вина означава се најчешће синтагматски, употребом сталних синонимних епитета којима се карактерише његова боја (пије се *црвено, црвеника, рујно, рујевно, чрљено, мрко* вино); или се наводе специфичности у вези са његовом температуром (најчешће *хладно*, али и *топло*), као и опште квалитативне особености (нпр. *добро* вино).[112] Ређе су одредбе којима се указује на нека конкретнија обележја (*манастирско неплетено,* или *благо*), на географско порекло (*питомо вино из Видина*), или његову старост као специфично квалитативно својство (*рујно вино од седам година*). Најфреквентнији глаголи у вези са вином су: *пити, понапити, напојити, накитити,* али очито је да у нашим епским песмама, иако је ова функција веома честа, елементи номенклатуре и нека прецизнија одређења у вези са појмом вина, а нарочито ракијом, ипак нису знатније развијени.

Део тематско-мотивске структуре песама о Марку Краљевићу чине и мотиви надметања у пијењу, или пијење у опкладу. Марко ће се надметати са хајдуцима, или пити „вино на облоге" с братом, у песми која је забележена у пиротском крају, са сижеом о Марковом проналажењу најближих сродника.[113]

Марко ће се кладити и са побратимом Махмут-везиром и, након неколико дана пијења, изгубити опкладу. Типично је да се свако губљење опкладе у пијењу вина завршава исцрпљеношћу и бесвесним стањем једнога од јунака (у првом случају Марковог брата Андрије, а другом Марковог).

Слично је и са мотивом пијења „затрованог" вина. Маркова сестра ће заробити Марка на превару тако што ће му у вино (и ракију) бацити „бенцилуке", као и крчмарица у „механи", помажући црном Арапину да зароби Марка, мотивишући при том разлоге свог поступка („Тешко томе,

---

[112] Присутан је и појам „пива", што се уопштено односи на пиће, док се за ракију, која се знатно мање помиње у песмама о Марку, наводе епитети *бистра* или *блажа.*

[113] Вид. песму бр. 16.

коме Марко дође, / Винце пије, а винце не плаћа, / Па је засп'о у пјаној механи, / Попио ми цијел тулум вина, / Рујно сам му вино затровала, / Не би ли га како успавала").[114] Крчмарица Јања, пак, Маркова посестрима, затроваће вино Ђему Брђанину, ставивши му „биље свакојако", ослободивши на тај начин Марка и омогућивши му да зароби свог противника. И након пијења „затрованог" вина, као и код надметања или клађења, један од јунака обавезно запада у стање без свести, при чему најчешће следи мотив његовог заробљавања. Уобичајено је да је „тровање" вином у нашој усменој народној поезији у делокругу женских ликова (крчмарица, сестра, девојка, мајка),[115] али се овај мотив везује и за Марка који ће се послужити преваром и погубити бољега од себе („Ал' да видиш Краљевића Марка, / Ђе отрова својега сестрића: / Узе чашу Драгиша војвода, / Узе чашу, па наздрави Марку – / Жив пригну, мртав одагну").[116]

Често се формулним изразом „а пошто се напојили вина", у уводном делу песама, означава „вербални" иницијални моменат, представљајући подстицај за разговор или монолошко казивање о подвижничким догађајима, хвалисање, па и претњу противницима. При томе се употребљавају одређени изрази („ћеив задобили", „у вино се заценули били", „вино пије у вину се фали"), након чега следи краћи или дужи облик приповедања. Овај елемент би требало схватити у духу епског доживљаја народног празновања и светковања, с обзиром да гозба представља „тријумф над смрћу", док хлеб и вино разгоне свако осећање страха и „ослобађају реч".[117] Тако ће се Марко уз пиће хвалити му-

---

[114] Вид. песму бр. 84. О Марковом дуговању у механи казује и песма бр. 50.

[115] Један од начина тровања је и змијским отровом. Лазарева мајка ће затровати вино својој снахи, али ће га попити њен син деспот Лазар, Марков побратим и кум (вид. песму бр. 118).

[116] Вид. песму бр. 71.

[117] Вид. М. Bahtin, *Stvaralaštvo Fransoa Rablea i narodna kultura srednjega veka i renesanse*, 300–301.

дром љубом или вилом „љубовцом“, његов побратим оружјем, а Филип Маџарин бројним успешним обрачунима.

Многи примери песама казују о Марковом пијанству. У једном краћем запису из Константинова (Бугарска), јунак ће се „запити“ и при том појести „девят крави“, не желећи да напусти „хубаво Дренополе“.[118] Стање ратничко ритуалног пијанства евидентно је и приликом обрачуна са сватовима бана од Ердеља, када ће, након велике количине вина, са својим побратимом Алијом Ђерзелезом посећи три хиљаде сватова („Па узјаха својега шарина – / Стаде вика пијана јунака, / Стаде вриска под њиме шарина, / Стаде писка кићени сватова“).[119] Марко је у пијанству наклоњен кавзи и нагони незване госте Турке да дукатима плаћају оно што су попили („Каурин се вина понапио, / Рад је с Турци да замете кавгу“).[120]

Јунак ће, у витешко етичком духу, корити побратима бега Костадина због „нечовештва“ о његовом крсном имену, критикујући његов „фарисејски“ однос према гостима и родитељима. Марко наводи бегов поступак, којим ће он отерати „сироте“ са прага („Ид'т' одатле, један љуцки гаде! / Не гад'те ми пред господом вина“), као и непоштовање родитеља („Треће ти је, беже, нечовештво: / Ти имадеш и оца и мајку, / Ни једнога у асталу нема, / Да ти пије прву чашу вина“).[121] Јунак Марко показује свој јогунасти карактер, у познатом запису песме из Караџићеве збирке, када пије вино и на муслимански празник Рамазан. Цар ће донети „јасак“ којим се каталошки наводе забране, на првом месту, у вези са пијењем вина, начином ношења одеће, оружја итд. Марко не само да неће испоштовати султанову наредбу, већ ће терати и муслимане да пију, што је у супротности са њиховим верским канонима („Марко пије уз

---

[118] Вид. песму бр. 36.
[119] Вид. песму бр. 24.
[120] Вид. песму бр. 106.
[121] Вид. песму бр. 109.

рамазан вино; / Па му просто, да сам пије вино, / Већ нагони оџе и аџије, / Да и они с њиме пију вино").[122]

Необичне сцене карактеришу Марка и у контексту функције кажњавања неверне љубе. У запису Луке Марјановића из Горње Крајине, јунак ће „запалити љубу", јер је на мегдану притекла у помоћ његовом противнику Малети хајдуку. Док траје ова крајње сурова сцена, њену морбидност још више ће истицати јунаков поступак индиферентног посматрача, означен понављањима формулног двостиха („Muči Marko, ništa ne divani, / Vince pije, a pregriza meso").[123]

Један од начина Марковог видања рана у вези је са мотивом пијења вина, при чему се показује да овај напитак поседује и чудесне исцелитељске моћи. Задобивши грдне ране у борбама око освајања градова, Марко неће тражити „хећиме", већ ће своје ране лечити на специфичан начин („вино пије Краљевићу Марко, / пије вино један мјесец данах, / вино пије ране зараштају").[124] Јунак ће се опорављати и од тамновања, готово увек када је цару потребан као заточник и заштитник, уз обилне количине вина (ракије) и јела.[125]

Марка Краљевића не награђују само за херојска почињена дела, већ и дарују (новцем), како би плаћао попијено вино. Њега ће у том смислу дариватии и јунак Иве, чију је жену Марко обљубио, али најчешће то чини цар „на дивану", с намером да га се ослободи и удаљи од себе, у тренуцима када љутити Марко постаје његов потенцијални противник. Цар ће му великодушно давати стотине, хиљаде дуката (или цекина), јер то је једина поуздана могућност да сачува сопствени живот („Ал' цар Марку дукате не

---

[122] Вид. песму бр. 123. У варијантама из збирке Валтазара Богишића овај мотив није присутан (вид. песме бр. 168 и 169).
[123] Вид. песму бр. 45.
[124] Вид. песму бр. 64.
[125] Вид. песме бр. 62, 85, 87.

даје, / Да он иде пити рујно вино, / Већ да му се кине са очи-
ју; / Јер се Марко врло ражљутио").[126]

4. СРОДНИЦИ

Значајну улогу у усменом народном песништву о Марку
Краљевићу имају ликови јунакових сродника, као и карактер
односа који се успостављају између њих и Марка (сродство
„по крви" и „духовно" сродство).[127]

4.1. Мајка

Маркова мајка је један од најбитнијих ликова у песмама о
овом јунаку. Основни елементи његове карактеризације
као што су рођење, наслеђивање јуначких атрибута, етич-
ка својства, утемељени су на пореклу по мајчиној страни,
при чему је њен утицај уочљив на обликовање целокупне
Маркове личности. Њена улога може се, у извесном сми-
слу, довести и у везу са архетипским ликом „мајке бо-
гиње", који је присутан у свим светским митологијама и
религијама, а самим тим и у хришћанској традицији, засно-
ваној, превасходно, на представама о божици Марији
(Исусовој мајци).[128] Наравно да је лик мајке, уколико се
узимају у обзир митолошки и легендарни елементи (чуде-
сно зачеће јунака), симбиоза и ових и историјских чинила-
ца која у контексту различитих традиција Балкана добија
више или мање препознатљива обележја, у сагласју са еп-

---

[126] Вид. песму бр. 119.
[127] У оквиру овог поглавља неће се посебно говорити о митоло-
шким ликовима мајке, „помајке" или оца, нпр. вили или змају, о че-
му је већ било речи, као ни о љуби, о чему ће бити говора у оквиру
теме о женидби.
[128] Милан Вукомановић, *Рани хришћански митови*, 59.

ским својствима Маркове личности. Чини се да је њен лик кључни појам за разумевање јунакове биографије (рођење, епско и, такође, митско порекло, што је у непосредној вези са основним атрибутима – грандиозна физичка снага, коњ, оружје, као и етичка, витешка, хришћанска карактеролошка Маркова обележја). Посебан „слој" у обликовању Марковог епског лика, који представља еманацију најплеменитијих ритерских особина, очитује се кроз персонификацију мајчиних начела, норми, искуства и мудрости. Марко који поштује мајку и прихвата њене савете, стога, представља, превасходно у песмама са српског подручја, спој узвишених етичких принципа и врлина, што је подстицало неке историчаре књижевности да, полазећи од народне традиције, дођу до закључака како у таквим Марковим цртама треба потражити конкретне узроке његове славе и популарности.[129] И у другим традицијама, нарочито источњачких народа, постоји јако развијен однос поштовања и уважавања личности мајке који прераста у култ (нпр. код огуских Турака). Међутим, у неким примерима песама са вансрпских подручја (у македонским, бугарским и словеначким зборницима) јунакови поступци према мајци добијају другачија значења. Наиме, у једној македонској песми Марко прети мајци да ће је претући, уколико му не испроси девојку,[130] док ће у примеру из Словеније, чак погубити своју мајку (одсећи јој главу), из разлога што није уважавала његову љубу онако како је то он захтевао.[131]

---

[129] Срета Ј. Стојковић сматрао је да је основ Маркове популарности у народу заснован на његовим витешким поступцима и високо моралној и хришћанској свести, представљајући оличење ритерства и хришћанских врлина (вид. Ср. Ј. Стојковић, *Краљевић Марко, литерарно истраживање узрока његове славе и популарности у српском народу*, 59–65).

[130] Вид. песму бр. 136.

[131] Вид. песму бр. 137.

Нема много историјских података о пореклу Маркове мајке, али оно што се може сматрати поузданим, како наводе извори, чињеница је да је била жена краља Вукашина и да је њено право име Јелена („Аљена"), на основу већ помињане Вукашинове повеље из 1370. године.[132] У народној традицији ово име је модификовано, или сведено на опште синтагматске одредбе (*Јевросима, Евросима, Ефросија; Краљевића мајка, Маркова мајка*). Најчешћи епитети су *стара*, или *јадна стара мајка*, док ће јој се Марко обраћати и са *сладка мајко*, или *моја стара мале* (у бугарским записима).

У српској народној поезији мајка је Маркова савест, његов рацио, свет „менталног" и емотивног стања. При томе свакако треба имати на уму и култни статус лика мајке који се обликује и под утицајем матријархалних представа, постајући вид отелотворења божанства које Марку улива наду у постојаност и сигурност егзистенције, смисао и значај хришћанских и етичких принципа.

Мајка показује изузетан емотиван и брижан однос према сину. Она спрема јунака за полазак да потражи заробљене блиске сроднике (брата или сестру), у просидбу, лов, дајући му при том „танку брашљеницу", или „бели колачи", као и „златне здравице".[133] Она ће и дочекивати Марка при повратку са његових лутања, одласка у просидбу, доласка из цареве војске, лова, радујући се и сваком његовом повратку са мегдана. Овај мотив најчешће је окарактерисан формулним стихом („пред њега је мати ишетала"), након чега ће уследити сцена поздрављања: мајка љуби Марка у образ, а он њу у „бијелу руку".

Она плаче сазнавши да постоји бољи јунак од Марка, водећи рачуна о његовом „епском статусу", или читајући

---

[132] Истраживања показују да је краљица Јелена након мужевљеве смрти ковала и сопствени новац, о чему сведоче пронађени и сачувани примерци (вид. Сима Ћирковић, *Поклад краља Вукашина*, 159).

[133] Мајка готово никад не спрема Марку коња, што показује да овај поступак није у делокругу њених функција, док љуба то чини.

писмо синовљевог побратима „црног Харапина“, који га позива да му „честитује“ кулу, јер је већ пет година како она Марку не зна „смрти ни живота“.[134] Док је јунак у арапској тамници у Караокану, мајка сузама залива „студен камен“, кроз монолог који је проткан лирским паралелизмима („Јарко сунце на високо ти си, / Сине Марко ђе си и како си? / Јарко сунце хоће скоро заћи / Марко мајци никад доћи неће“).[135] Најсликовитије су, међутим, дочарана њена емотивна стања у краћим лирским и баладичним записима. У једном примеру Марково одсуство из дома индиректно се мотивише и мајчиним поступцима (нпр. она ће открити сину да га љуба потајно куне, због чега ће он казнити љубу, а потом напустити „дворе“). Мајка ће кукати „кано кукавица“, узалуд заливајући вином и ракијом јаблан пред кућом, а црнога гаврана – белим млеком, не би ли дочекала Марка.[136] У другој песми, формулним симболичким елементима (поређењем сестре, мајке, љубе са „кукавицама“ које жале за јунаком) дата су дистинктивна обележја према поступку који означава начин туговања за најближим. Мајка је, наравно, та чије је осећање бола најдубље („А што кука јутром и вечером, То је моја сестрица Јелица, /А што кука никад не престаје / То је моја остарела мајка. / А што кука, кад јој на ум падне, / То је моја вереница љуба“).[137]

Мајка ће у епском духу хвалити јунаштво свога сина („Nije majka rodila junaka, / Košto majka Kraljevića Marka“),[138] након чега ће и у многим другим примерима песама са мотивом њеног хвалисања (нпр. у песми бр. 76) уследити јунаково негирање, што ће мотивисати казивање о догађајима у вези са противницима који су бољи од њега.

---

[134] Вид. песму бр. 85.
[135] Вид. песму бр. 91.
[136] Вид. песму бр. 48.
[137] Вид. песму бр. 92.
[138] Вид. песму бр. 110.

Њен лик преузима и функцију обавестиоца, некога ко Марку казује о битним дешавањима у његовом одсуству, или му открива значајне моменте у вези са изгубљеним сродницима, па и његовим брачним животом. Она ће написати писмо Марку о томе да су му двори похарани, након чега следи мотив јунаковог повратка, или ће му открити да има брата или сестру, што ће мотивисати Марков полазак у потрагу.

У низу примера показаће изузетну проницљивост, досетљивост и мудрост. Она је најчешћи и најзначајнији Марков саветодавац. Саветоваће га како да превари и погуби противника који му је похарао дворе и одвео љубу, да се освети и одбрани јуначку част, или на који начин да спасе хришћанска верска обележја од зулумћара и иноверца (Свету гору). Њени савети се директно односе на основне елементе Маркове епске биографије: на обрачуне с противницима, његову етичку карактеризацију, витешки кодекс правде и заштиту националних интереса српскога царства, поштовање традиционалног и обичајног закона, у контексту посебних историјских прилика и Марковог вазалног односа према турском сизерену. Мајка ће заклињати и саветовати сина да праведно досуди на коме је царство, јер су се и Марков отац Вукашин и стричеви Угљеша и Гојко полакомили о царски трон, који по праву наслеђа може припасти само Душановом јединон наследнику Урошу. Марко, у том случају, има улогу највишег „арбитра", а начин на који ће он то учинити происходи из схватања која су основни принцип мајчиног утицаја, у духу очувања највиших хришћанских и етичких норми („Немој, сине, говорити криво / Ни по бабу, ни по стричевима, / Већ по правди Бога истинога; / Немој, сине, изгубити душе; / Боље ти је изгубити главу, / Него своју огр'јешити душу").[139] Мајчина жеља је и да се, у складу са ратарском традицијом нашега народа, Марко изопшти из ритерског контекста и настави живот у посве „епски секуларним"

---

[139] Вид. песму бр. 111.

условима, при чему су њене речи и сентенциозно пословичког карактера („Остани се, синко, четовања, / Јер зло добра донијети не ће, /... Већ ти узми рало и волове, / Пак ти ори брда и долине, / Те сиј, синко, шеницу бјелицу, / Те ти рани и мене и себе").[140]

У бројним примерима са мотивом позива на извршење одређених дужности (на крштено кумство, у сватове, тазбину, цареву војску), Марко ће своје обавезе извршавати онако како то мајка саветује, поштујући најчешће националне обичајне кодексе, али извршавајући и вазалне дужности према цару.[141] У том смислу, знамените су варијанте песама о Марку и Мини од Костура из збирки Вука Караџића и Валтазара Богишића. У Караџићевој песми, о којој нема општеприхваћених података од кога је записана, мајчин савет ће бити стилизован градацијским низом, при чему се истиче посебна нужност одлуке која се може објаснити искључиво историјским и реалним околностима, односно Марковим статусом вазала („О мој синко, Краљевићу Марко! / У свате се иде на весеље / На кумство се иде по закону, / На војску се иде од невоље: / Иди, синко, на цареву војску; / И Бог ће нам, синко, опростити, / А Турци нам неће разумјети").[142] У запису из околине Дубровника, из Богишићеве збирке,[143] мајчин савет да пође „дворит' св'јетла цара" неће имати ту историјску тежину и сугестивност националног императива као у Караџићевој песми. Марко ће у овом примеру имати другу дилему која је у ве-

<hr>

[140] Вид. песму бр. 124.

[141] Уобичајено је да се у уводном делу песама наводе пристигли позиви („књиге"), одређеним формулним бројем три, након чега следи дијалог између Марка и мајке, његово непосредно тражење савета и мајчин одговор.

[142] Вид. песму бр. 115. Мишљења научника су различита, Светозар Матић сматра да је песму „Марко Краљевић и Мина од Костура" Вук Караџић записао од Слепе Јеце, док Владан Недић претпоставља да је он то учинио од њене учитељице Слепе Живане. У критичком издању Караџићевих песама (Караџић, СД, V), Радмила Пешић не прихвата ниједну од ових тврдњи.

[143] Вид. песму бр. 116.

зи са претњом Мине од Костура да ће му похарати дворе и одвести љубу. Принуда и нужност претходне одлуке овде је преиначена у проблем о породичном и материјалном статусу, добијајући посве „индивидуалистички" карактер, док се на основу мајчиних речи у први план истиче благонаклон и покровитељски односа између цара и Марка („Пођи, синко, дворит' св'јетла цара; /Ако т' Михна и попали дворе, / Цар ће теби друге оградити"). Уочене разлике проистичу из другачијих представа које се транспонују у тематско-мотивску структуру песама. У првом случају, реч је о примеру који је настао на подручју вишевековне турске владавине, у оквиру зоне где вазална дужност према Турцима представља искуствену историјску чињеницу, што се евидентно разликује у односу на песме које су испеване на подручјима ван ове зоне у којима, као нпр. у Дубровнику или Далмацији, Марков лик добија другачија карактеролошка одличја.[144]

Након вечере с мајком следи функција Марковог смеха и мајчино формулно питање коме је смех упућен (њој, њеној старости или „убогој" вечери).[145] У оквиру разговора који се тада води Марко ће казивати о својим јуначким подвизима, док ће га мајка наговарати да се ожени како би „замјену стекла за живота", или исказивати сопствена осећања, одговарајући му на питање да ли се икада уплашила

---

[144] У записима из Далмације Марко је више подстакнут личним но општим националним интересима. У ове песме продире реалистичност другачијег животног искуства, специфичан емоционални набој, склоност ка романтично-авантуристичком. Оне су по својој карактеризацији Марковог лика више „интимистичке", приближавајући се особеностима лирске поезије (вид. Мирјана Дрндарски, *Депоетизација лика Марка Краљевића у далматинској усменој поезији*, 144). Међутим, треба имати на уму да је Марко, у Богишићевој збирци, носилац општих православних црта (његов боравак у Светој гори), што је условљено и мотивисано потребом за очувањем верског идентитета пред опасношћу могућег „унијаћења".

[145] Мајка ће и клети Марка повређена његовим поступком („Што се смејеш не насмејао се?"), док ће ретко јунаков смех бити упућен њој, нпр. начину одевања (вид. песму бр. 43).

68

(„Jesam sine milo dobro moje! / Kad si godir otiša na vojsku, / Kad si godir dielio mejdane, / I kad god bi od doma pošao: / Svagda sam se Marko poplašila, / Bojala se da mi doći nećeš, / Da ćeš tamo sine poginuti: / To je uvjek staru me plašilo").[146]

Марко је добар син који уважава мајчино мишљење, поштује њене савете (али у извесним ситуацијама их и пренебрегава, реализујући их на особен начин, нпр. орањем царевих друмова). Он је дарежљив и брижан према мајци, дариваће јој при повратку из тамнице у Караокану „дванајст товара блага", искрено ожалити њену смрт, сахранивши је по свим законитостима обичајног кодекса („Л'јепо Марко саранио мајку / У жалости и великој туги"),[147] или је и осветити, обрачунавајући се са Мином од Костура који му је похарао дом, заробио љубу, а мајку „коњма прегазио".

4.2. Отац

Народна поезија и предање доста негативно осликавају лозу Мрњавчевића – Вукашина, Угљешу, па и остале Маркове стричеве (нпр. Гојка) који нису историјски утемељени, али се у традицији помињу. Лик Марка Краљевића поставља се у супротност према оцу Вукашину, што је давало подстицај неким научницима да баш у томе виде и могуће узроке јунакове славе и популарности.[148] Епске и витешке карактеристике Марко не наслеђује од оца, већ по мајчиној страни, што је већ више пута истицано. Вукашин није Марков епски предак, као што је то нпр. случај са ликовима јунака Рустема и његовог сина Сухраба у иранском епу *Шахнаме*. Марко је антипод Вукашину, у физич-

---

[146] Вид. песму бр. 69.
[147] Вид. песму бр. 91.
[148] Никола Банашевић је сматрао да је један од основних разлога Маркове епске славе супротстављеност Вукашиновим негативним намерама и заштитнички однос према цару Урошу (вид. Никола Банашевић, *Циклус Марка Краљевића и одјеци француско-талијанске витешке књижевности*, 120).

ком, етичком, витешком смислу (могуће је успоставити паралелу и са јунацима француске витешке поезије, Роландом и његовим очухом Ганелоном који носи жиг издаје и кривице за Роландову смрт). Очито да се овај пар уклапа у теоријски модел „типа огледала" који, у оквиру својих аналитичких истраживања, наводи научница Дениза Пом.[149] Овај образац претпоставља односе који се најчешће потврђују у релацијама јунак – антијунак, па и у овом случају, као један од најчешћих парова син – отац, што би се у потпуности могло односити на Марка и његове елементе карактеризације, као јунака витешких и етичких особености, и његовог оца Вукашина, који је отелотворење „самољубља, похлепе", отимачине и злочина.[150]

Међутим, комплексност Вукашинове личности треба посматрати у контексту историјских прилика у ондашњем Српском царству. Извори казују да после смрти цара Душана, а нарочито након смрти обласног господара Војислава Војновића (1363. године), у време осамостаљивања моћних властелина и борбе за превласт, Мрњавчевићи постају једна од најутицајниих великашких породица тога доба. Разлоге њиховог војног и политичког снажења, у периоду када знатно слаби моћ Српског царства, на челу са Душановим наследником Урошем, треба потражити између осталог и у гранању родбинских веза и склапању бракова, у намери да се стекну нови, моћни савезници и пријатељи, чиме су Вукашин и Угљеша не само утврђивали сопствени положај, већ ширили и своје територије. Марков стриц Јован Угљеша био је ожењен Јеленом (касније у монаштву Јефимија), кћерком кесара Војихне који је био заповедник Драме, Маркова сестра Оливера била је удата за Ђурђа Балшића, господара Зете.[151] Изузетно снажење и јачање утицаја Мрњавчевића морало се одражавати и на

[149] Вид. Татјана Филиповић-Радулашки, *Формалистичко и структуралистичко тумачење бајке*, 63.
[150] Ljubomir Zuković, *Narodni ep o Marku Kraljeviću*, 74.
[151] Раде Михаљчић, *Крај Српског царства*, 99.

односе са српским сувереном – царем Урошем. С обзиром да је његова власт и војна моћ слабила, био је принуђен да уз сагласје своје мајке царице Јелене, како извори тврде, крајем лета 1365. године, уздигне Вукашина знацима краљевског достојанства у савладара, а његовом брату Јовану Угљеши додели титулу деспота.[152]

Добијање статуса имало је и знатног утицаја на народну традицију, јер се ретко где у песмама Вукашиново име, па и Угљешино, наводи без титула.[153] Вукашин ће се, у зависности од језичких специфичности јужнословенског простора, помињати као *Вукашин краљ* (*Волкашин крал*), или као *господар*, односно *краљ од Прилепа*, при чему ће му се чак и Марко обраћати формулним изразом („бабо, Вукашине *краљу*“), док ће се у неким примерима наводити и извесне специфичности које сликовито карактеришу његов лик (нпр. „жура Вукашине“, што упућује на пародирање елемената његовог физичког изгледа).[154] Сматра се да се чин Вукашиновог крунисања, као и нагли успон Мрњавчевића, „скоројевићке“ династије, морао одразити на свеопште прилике у ондашњем разједињеном Српском царству, јер је условљавао читав низ политичких проблема.[155] Један од основних, свакако, био је у вези са правом наслеђа царског трона јер цар Урош није имао наследника, а Вукашинов најстарији син Марко би на тај начин био легитимни и правоснажни наследник царске круне „светородне“ династије Немањића.[156]

---

[152] Георгије Острогорски, *Серска област после Душанове смрти*, 12–13.

[153] Понегде ће се уз име Марковог стрица Јована Угљеше наводити и титуле деспота и војводе, па чак и паралелно у стиховима исте песме (вид. нпр. песму бр. 111).

[154] Вид. песму бр. 1.

[155] Између осталог, тврди се како је Лазар Хребељановић, који је на двору тада имао скромну титулу стевилца, напустио службу када је цар Урош уздигао Вукашина, противника рашке властеле, знацима краљевског достојанства (вид. *Историја српског народа*, прва књига, 583).

[156] *Исто*, 589.

Претпоставља се да је оваква ситуација добром мером могла утицати на стварање негативних представа о Вукашину и његовом брату Угљеши. О томе најбоље сведоче и неколики извори који изузетно неповољно говоре о браћи Мрњавчевић, а нарочито о Вукашину. У једном од њих, јасно се истиче како он „дрзнувши се на краљевство", није зазирао ни од етичких принципа култа светог Саве,[157] док се у животопису цара Уроша, Вукашин директно оптужује за Урошево убиство.[158] Такође и теза о узурпаторству круне није била присутна само у традицији, већ се дуго одржала и у нашој историографској науци, иако би неке чињенице као што су заједничка посланства, портрети, или ковање заједничког новца могле указивати на другачији однос између цара Уроша и савладара краља Вукашина.[159] Савремени научници сматрају да је теза о узурпаторству круне ипак неоснована, и да је чин Вукашиновог крунисања био легитиман, јер се узурпаторски циљеви могу односити у царству само на врховну власт, „али не и на положај савладара нити почасну титулу",[160] док узурпатор пре може бити Урошев полубрат Симеон, по мајци Грк, који се самоиницијативно прогласио царем и чије су аспирације биле непобитне.[161]

Најрепрезентативнија у том смислу је песма из Караџићеве збирке „Урош и Мрњавчевићи", која је записана од певача Старца Рашка. Заснована на мотиву отимања великаша о царство (Марков отац Вукашин, стричеви Угљеша и Гојко), она на најнепосреднији начин казује о поима-

---

[157] *Данилови настављачи*, 129–130.

[158] Патријарх Пајсије, *Живот цара Уроша*, 138–139.

[159] Мит о узурпацији круне сматрали су веродостојним и Стојан Новаковић и Константин Јиречек, који је оповргао уврежено мишљење о Вукашиновом убиству Уроша, наводећи ипак да је Вукашин самозвани владар. Јиречек је касније ово своје мишљење променио (вид. Раде Михаљчић, *Крај Српског царства*, 87).

[160] Георгије Острогорски, *Серска област после Душанове смрти*, 10.

[161] *Историја српског народа*, прва књига, 64.

њу дужности и служби правди и истини, када је реч о Марку, и на другој страни Мрњавчевића, који се боре за личне интересе, пренебрегавајући кодексе витешке части, право наслеђа, више националне циљеве. Вукашин и његова браћа обећавају Марку награду уколико пресуди у корист једног од њих. Њихова обећања су дата у градацијском низу, од Вукашинове понуде за наслеђивањем царскога трона („Благо мене до Бога милога! / Ето мене мога сина Марка, / Он ће казат’, на мене је царство, / Од оца ће останути сину“), до Гојкове која даје потпуни примат Марку, представљајући и највећи изазов јунаку („Кажи, Марко, на мене је царство, / Ти ћеш, Марко, први царовати, / А ја ћу ти бити до кољена“).[162] Стихови ове песме транспонују историјску чињеницу о поимању суревњивости и несугласицама међу средњовековном српском властелом, што је представљало општу карактеристику у Српском царству тог доба, али и поетски одраз представа о династији Мрњавчевић, првенствено о краљу Вукашину. О томе казују и стихови Маркове „пресуде“, који почињу апострофирањем свих Мрњавчевића, на основу хијерархијског низа родбинских веза и титула, и мотивом кунидбе (нпр. „А мој бабо, Вукашине краљу! / Мало л’ ти је твоје краљевине? / Мало л’ ти је? Остала ти пуста! / Већ с’ о туђе отимате царство“). Посебна карактеролошка Вукашинова црта садржана је у његовој плаховитој реакцији, јер он ће се наљутити на Марка, пошавши да се „злаћеним ханџарима“ обрачуна са својим „неверним“ сином, који ће бежати пред разјареним оцем у цркву, не желећи да почини нешто што није у духу највиших ритерских, етичких, хришћанских и патријархалних принципа.[163] Вукашин ће се потом кајати, мислећи да

---

[162] Гојко је неисторијска личност, али помињу се и друга имена, нпр. стриц Владимир, који је, такође, историји непознат (вид. песму бр. 126).

[163] Марково бекство пред Вукашином у цркву је, између осталог, и део представа у нашем народу да су света места и цркве уточишта прогоњенима (вид. Тихомир Р. Ђорђевић, *Белешке о нашој народној поезији*, 162).

је погубио Марка, али ће га и љуто проклињати („Сине Марко, да те Бог убије! / Ти немао гроба ни порода! / И да би ти душа не испала, / Док Турскога цара не дворио").[164] Његова клетва представља још један доказ транспозиције историјских и чињеничких елемената у Маркову епску би-ографију, потврђујући се у његовој трагичној индивидуал-ној и историјској судби.[165]

Вукашин је окарактерисан не само као похлепна лич-ност, већ и као лажљивац који ће клеветати свога сина, об-мањујући српску царицу, како би се домогао највишег тро-на („О, госпојо, царице Росандо! / Зар је Марко земљи старјешина? / Зар сте Марка царем поставили? / Па нам и то земља дочекала, / Зулумћари посташе цареви").[166] Он не преза ни од чега како би остварио своје циљеве, по-губљујући при том и много боље јунаке од себе (Момчила, нпр.), представљајући „епску карикатуру" у физичком и у витешком и моралном смислу. Оваква слика поклапа се и са неким историјским потврдама о његовој личности које га дефинишу крајње негативно, док су карактеролошке представе о његовом брату деспоту Јовану Угљеши друга-чије.[167]

Марков однос према оцу Вукашину у оквирима је патри-јархалног, витешког и етичког кодекса. Марко се зариче да ће осветити свога оца (што ће и учинити обрачунавши се са Мустаф-агом који је крај Марице погубио рањенога јуна-

---

[164] Вид. песму бр. 111.

[165] Вукашинова клетва има паралелу са јерменском епском и митском традицијом у којој чувени јунак Давид Сасунски, такође, проклиње свога сина Малог Мхера, након чега он напушта роди-тељски дом и одлази, осуђен на вечно лутање.

[166] Вид. песму бр. 112. Истоветан мотив присутан је и у одломци-ма песме о Душановој смрти из Караџићеве збирке. Вукашин ће пред царем „Стјепаном", својим кумом, оклеветати Марка, а након Душанове смрти „узурпирати" његов положај (вид. песму бр. 144).

[167] Вукашин је био војничка природа и „без много обзира", док је Угљеша интелектуалнији и духовнији, познат као помагач Хиланда-ра и обновитељ светогорског манастира Симопетра (вид. Владимир Ћоровић, *Историја Срба*, 186).

ка, а потом и опљачкао).[168] Овај Караџићев запис пред-
ставља алузију на историјски контекст Вукашинове поги-
бије. Топоним који се помиње (река Марица) транспозици-
ја је локалитета на којем је он са својим братом деспотом
Јованом заиста погинуо.[169] Историјски извори о Маричкој
битки доста су оскудни и непоуздани, али оно што се сигур-
но зна је то да овом збитију претходи поход Мрњавчевића,
заједно са Ђурађем Балшићем, на рашког обласног госпо-
дара Николу Алтомановића. Сматра се да је у овом походу
учествовао и Марко, али да до сукоба није дошло, јер је
претила много већа опасност од продора Турака Османли-
ја у југоисточне делове територије Мрњавчевића, с обзи-
ром на то да су Турци већ увелико продрли на Балкан. По-
уздано се може тврдити и то да су у ову одсудну битку са
Турцима браћа Мрњавчевићи пошли сами (није утврђено
да је у њој учествовао и Марко), покушавајући да придоби-
ју и помоћ Византије, на чему је својим политичким утица-
јем радио Јован Угљеша, али без посебног успеха. Марич-
ка битка, једна од најзначајнијих и најодсуднијих у српској
историји, скончана је поразом и погибијом оба брата, иако
су успели да са својом војском продру дубоко у турску те-
риторију, чак до Једрена, нове турске престонице. Мрња-
вчевићи су доживели тежак пораз, код Черномена, 26. сеп-
тембра 1371. године.[170]

У једном македонском запису из Прилепа, који казује о
Марковом детињству, Вукашин ће свога сина (коме је
предсказано да ће „на татка си коски да му скрши“), слич-
но грчком јунаку Едипу, бацити у воде „бела Вардара“, ка-
ко би избегао могућност извршења онога што је једна од
суђаја прорекла. Међутим, када буде одрастао, Марко ће у

---

[168] Вид. песму 113.

[169] У варијанти ове песме, која је записана од „једног трговца из
Босне“, као локалитет наводи се и река Ситница са алузијом на Ко-
совску битку (1389. године), у којој Мрњавчевићи никако нису могли
учествовати, што је својеврсни анахронизам, карактеристичан за
усмену епску традицију (вид. песму бр. 114).

[170] *Историја српског народа*, прва књига, 594.

сватовима „Реље Шестокриле“, кажњавати јунаке кукави-
це, не знајући да је међу њима и његов отац. Тек касније,
они ће један другоме открити свој идентитет, а Вукашин ће
схватити да се судбински закони не могу избећи, опростив-
ши Марку оно што је починио.[171] Сукоб између оца и сина
у незнању мотив је који је присутан и у источњачким епо-
вима, у епизоди о обрачуну између Рустема и његовог сина
Сухраба, који, не видевши се никада пре тога, ступају у овај
одсудни обрачун од којег ће зависити даља судбина иран-
ског краљевства. Јунаци откривају своје порекло један дру-
гоме тек на крају, у тренутку трагичне Сухрабове смрти.[172]

4.3. Брат и сестра

Историјски извори казују, на основу генеалошког стабла
Мрњавчевића према Мавру Орбину, да се поред Андрија-
ша помињу и имена остале Маркове браће Иваниша и Ми-
траша (Дмитра), као и сестара Рушне и Милице.[173] Имена
Маркових сестара нису потпуно поуздана, јер је Орбин
Маркову сестру Оливеру заменио Милицом.[174] Историји су
познати извесни подаци о млађој Марковој браћи Андрија-
шу и Дмитру, док се Иваниш помиње само у неколиким до-
кументима, без конкретнијих детаља.[175] О Марковој браћи
Андријашу и Дмитру зна се нешто више, наиме, конкрет-

---

[171] Вид. песму бр. 4.

[172] Мотив је познат и у руској традицији. И Иља Муромец обра-
чунава се са сином, као и јунак Иван Данилович са својим оцем (вид.
Михаил Халанскій, *Южно-славянскія сказанія о Кралевичѣ Маркѣ
въ связи с произведеніями русскаго былевого эпоса*, 667).

[173] Мавро Орбин, *Краљевство Словена*, 48.

[174] Сима Ћирковић, Коментари, у: Мавро Орбин, *Краљевство
Словена*, 312–313.

[175] Иваниш се наводи само код Орбина и на натпису цркве св. Ди-
митрија код Скопља (вид. Раде Михаљчић, *Крај Српског царства*,
201).

76

није о периоду након погибије њиховог оца краља Вукаши-
на и стрица деспота Јована Угљеше, као и о статусу вазала
који су наследници Мрњавчевића прихватили.[176] Поуздано
се може тврдити да су Андријаш и Дмитар надживели Мар-
ка, с тим што су се и пре Маркове погибије обрели у Угар-
ској. Андријашу се губи траг крајем XIV века,[177] док се за
Дмитра зна да је почетком XV века био жупан Зарандске
жупаније и краљев кастелан града Вилагоша.[178] Историја
помиње и Маркову сестру Оливеру која је била удата за го-
сподара Зете Ђурђа Балшића који је нешто касније, након
Вукашинове погибије, протерује из свога дома.[179]

У народној епској поезији најприсутније је име Марко-
вог брата Андријаша *(Андреја, краљевић Андрија,* али и
као хипокористик *Андро,* или *брајен Андријаш),* док се
ретко помињу друга Маркова браћа (нпр. *нејаки Милош*
или *Милош дијете).* Међутим, фреквенција имена Марко-
вих сестара знатно је уочљивија (најчешће су то модифи-
кације имена Јелена – *Јеле, сестрица Јелица,* или *секуна Је-
лица,* али и *Анђелина, Барбара, Пунексија, Шаина робина,
Мандалина, Краљевића сека).*

Мотив Марковог рођења, било да је реч о природном
или чудесном, доводи се у везу и са Марковим братом Ан-
дријом, док се готово никада не наводе имена друге Мар-
кове браће, или сестара. У том смислу, исти иницијални
моменти карактеришу биографије и Марка и Андријаша,

---

[176] И Маркова браћа су у прво време била у вазалном односу пре-
ма Турцима, али неки извори наводе да је дошло до разлаза између
њих и Марка након, како се претпоставља, састанка хришћанских
великаша са султаном Бајазитом у Серу (1393/1394. године). На том
састанку, тврди се, Бајазит је имао намеру да погуби хришћанске
„кнежеве“, од чега је одустао, али је то подстакло многе од њих, из-
међу осталог и Маркову браћу, да се окрену против њега и потраже
уточиште на другој страни (вид. Сима Ћирковић, *Поклад краља Ву-
кашина,* 160).
[177] Сима Ћирковић сматра да је Андријаш умро у периоду изме-
ђу 1394. и 1399. године (*Исто,* 169).
[178] Вид. Константин Јиречек, *Историја Срба,* 315.
[179] Раде Михаљчић, *Крај Српског царства,* 169.

али се даље уобличавање њихових ликова на тематско-мотивској равни знатно разликује.

Прва забележена целовита песма о Марку, бугарштица „Марко Краљевић и брат му Андријаш", казује управо о односима међу браћом.[180] У овом примеру, Марков лик окарактерисан је доста негативно, јер у основи је његов обрачун са братом Андријашем, при чему стиче атрибуте разбојника и братоубице. Мотив обрачуна с братом је интернационалног карактера и присутан је и у светској књижевности, од библијских легенди (Каиново убиство Авеља), преко римске митологије (Ромул и Рем), до источњачке традиције (јапански царевић Јамато који убија свог брата) итд. Свађа међу браћом опште је место и у другим примерима наше епске поезије („Диоба Јакшића"). Као и у овој песми, и у Хекторовићевој бугарштици браћа ће се завадити око јуначких обележја.[181] Марко и Андријаш ће се сукобити око плена, трећега коња којега нису могли поделити („Тере ста два коњица много липо раздилила, / О трећега не могоше јунаци се погодити, / Негли су се разгнивила и много се сапсовала").[182] Марко ће „свитлом сабљом позлаћеном" убости брата у срце, након чега ће се даљи ток песме градити у функцији Андријашевог савета (монолога) упућеног Марку. Јунак саветује брата да не открије мајци истину о ономе што је починио, али и како да се заштити убудуће од заједничких противника („гусара"). Ова песма у потпуности баца сенку на „витеза" Марка, док Андријаш преузима улогу светитеља-жртве који опрошта-

---

[180] Песму је записао хварски песник Петар Хекторовић, 1555. године, на једном излету од Старог града на Хвару до Нечујма на Шолти, од рибара Паскоја Дебеље.

[181] У једном примеру из збирке Матице хрватске, тематско-мотивска основа о свађи између Марка и Андријаша готово је истоветна варијанти о „Диоби Јакшића", стиче се утисак да су само замењена имена јунака, уместо браће Јакшић – Марко и Андрија (вид. песму бр. 138). Слично је и са варијантом „Предраг и Ненад", где су уткани ликови браће Марка и Милоша (вид. песму бр. 139).

[182] Вид. песму бр. 17.

јем, у сваком смислу, етички доминира над својим крвником.

Међутим, у песмама са других подручја, карактеролошки елементи ликова браће знатно се мењају. Марка одликују јуначка својства, док је Андријаш по много чему епски „инфериорнији“. То се најбоље очитује у примерима са функцијом надметања међу браћом.[183] У неколиком броју песама Андрија ће позивати Марка на мегдан, из разлога да би се утврдило ко је од браће бољи јунак, од чега ће га Марко мудро одговарати, водећи рачуна о заједничкој епској части („Прој се тога, мој брате Андриа! / Да ми сутра тако учинимо, / Хоће нам се наругати свако, / Гдие се гоне до два брата млада“).[184] Марко ће предлагати видове надметања – у издржљивости (у гори без хране и воде), у обрачунавању са противницима, док се у сижеу песама са мотивом проналажења сродника, браћа надмећу и у пијењу вина. Марко је у овом кругу песама окарактерисан као мудрији, свеснији, јуначки супериорнији у односу на Андрију који неће успевати да издржи процес провере, или епске иницијације.

Даљи ток песама са функцијом надметања међу браћом у јунаштву развија се у правцу динамизације нарације мотивима Андријиног заробљавања, погубљења, и Маркове освете над Турцима или хајдуцима. Марко ће брата и учити јунаштву сопственим примером, обрачунавајући се са силним Рустем-агом, или бегом Подунавцем, којег ће Андрија кукавички љубити у руку и у скут, обавезујући се на покорност и предају пред противником. Марко, међутим, има разумевања за братовљев страх, праштајући му овакав поступак, понирући у психологију витешког срца и искуства („А може се, брате, препанути, / препанути бољи од го-

---

[183] У нешто модификованијем виду овај мотив присутан је и у *Песми о краљу Налу*, где се Нал и његов брат Пушкар надмећу у коцкању, што ће имати изразите последице по даљу Налову судбину као губитника краљевства.

[184] Вид. песму бр. 12.

рега, / какогођер гори од бољега").[185] Очито да је намера певача била да Марка означи као јунака не само значајнијих подвига са јасним дистинктивним обележјима међу браћом, већ и као етички ослонац и заштитника свом (и у усменој традицији и историјском контексту) млађем брату Андријашу.

Марковог брата одликује послушност, извршаваће његове замисли, упуштајући се и у неизвесност, ишавши по јунаковог Шарца до бана од Ердеља, не знајући исход ове мисије; одвешће Маркову љубу, по његовом наређењу, да је убије јер нема са њом порода; пристајаће на братовљев наговор да отимају Турцима благо итд.

Честе мотиве у вези са Марковим братом, односно сестром, представљају јунаков полазак у потрагу за давно заробљеним сродницима, односно њихово проналажење. Марко ће кроз дијалог с мајком сазнати да му је сестра, док је он био још нејак, заробљена, а након вербалног откривања идентитета сродници се препознају по материјалном знаку (белегу), док улогу препознаваоца може имати и мајка (на основу рана које је начинила на телу своје кћери у тренутку заробљавања). Марко и сестра ће и плакати од среће, сусревши се много година након растанка (најчешће се помиње распон од неколико деценија). Овај тип песама развија се ка баладично-новелистичким сижеима, при чему је у бити однос међу браћом и сестрама, услед извесних историјских и социолошких околности простеклих из реалног искуства. Стога, руски научник Борис Путилов ове песме сврстава у круг „историјских балада", јер и специфични услови у којима су могле настати (робовање под Турцима, заробљавање и одвођење деце) имају утицаја на њихову тематско-мотивску основу.[186]

---

[185] Вид. песму бр. 14.

[186] Вид. у: Нада Милошевић-Ђорђевић, *Заједничка тематско-сижејна основа српскохрватских неисторијских епских песама и прозне традиције*, 256.

У овим примерима присутан је и мотив проналажења девојке (или довођење невесте), након чега ће се утврдити да је реч о давно заробљеној сестри. Могућност родоскрвнућа откривају птице (ластавица, гавран, соко), што ће условити откривање правог идентитета Маркове сестре. Јунак ће бити принуђен да се куне да није починио инцест, указујући при томе на необично стање које га је обузело при покушају да обљуби своју несуђену невесту („Na Mandu sam glavu naslonio, / Mašio se rukom u nidarja, / Odmah mi je pritrnula ruka, / A moja me zabolila glava")[187] О томе казује и запис из збирке Јована Стеића о вођењу сватова и временским приликама којима се, на симболичан начин, сугерише могућност нарушавања природног кодекса односа међу сродницима („Ведро беше, па се наоблачи, / И удари киша са сниегомъ")[188] Откривањем идентитета и Марковим поступком – даривањем сестре побратиму, нарушена равнотежа наново се хармонизује, што је окарактерисано лирским паралелизмом („Ал' се одма, брате, изведрило, / И одма су снези престанули"). Опште обележје ових песама је да до инцеста не долази, и за Маркове поступке не везују се негативне представе, јер су оваква уверења утемељена на схватању да „rodoskrvni i endogamni odnosi u našem narodu imaju karakter tabua"[189] Мотив овог типа инцеста находи се не само у нашој епској поезији (нпр. у циклусу песама о Немањићима),[190] већ и у светској књижевности (у финском епу *Калевали*, у којем јунак Кулерво, у незнању, обљубљује своју сестру).

---

[187] Вид. песму бр. 20.

[188] Вид. песму бр. 21. Експресивне слике присутне су и у другим примерима у којима се наговештава слична ситуација: ломе се ноге стола за којим седе, на сестри гуја спава (вид. песму бр. 140), или из неба црна крв капље (вид. песму бр. 141).

[189] Dušan Bandić, *Tabu u tradicionalnoj kulturi Srba*, 343.

[190] О овоме се казује у двема варијантама о цару Душану из Караџићеве збирке. Вид. „Душан хоће сестру да узме" и „Удаја сестре Душанове" (Караџић, СД, V, песме бр. 27 и 28).

Лик Маркове сестре је вишефункционалан. Она је јунакова несуђена невеста, противник на мегдану, неверница (издајица) која ће га заробити и предати своме мужу, али и његов заштитник.[191] Маркова сестра је послушна и кротка девојка, која ће бринути о брату и спремати га за полазак у просидбу, најхрабрији члан породице, јер ће га ослободити од чудовишта (митолошке трансформације св. Недеље у огромну змију, која има намеру да казни Марка за непоштовање хришћанског обичајног кодекса).[192]

4.4. Сестрић

Марков сестрић је најчешће бољи јунак од Марка, али и етички узвишенији. У песмама помињу се имена *Драгише војводе, момчета Дукађинчета, Огњена сестрића.*

Иницијални мотив, у овом кругу песама, представља функција сестрићевог поласка да пронађе ујака Марка, који је чувен по јунаштву, док у једном запису, са српског подручја, из дијалога са „Звездом Вечерницом" Марко сазнаје да постоји бољи јунак од њега, што ће и условити његов полазак у „Дукађин град". Њихов сусрет најчешће се карактерише мотивом борбе.[193]

Сестрићева појава је сликовита и указује на његову изузетност („На глави му калпак и челенка, / Дванест пера, девет челенака, / Пониско им пера изведена; / И сувише ноја тице крило").[194]

---

[191] У таквим ситуацијама она је девојка изузетних физичких особина (јунак-девојка) која је налик Амазонкама, античком божанству Атини, скандинавским „дисама", које су познате по својој пожртвованости и заштитничком односу према јунацима. Маркова сестра се нпр. преоблачи у Марка и мења га девет година у царевој војсци (вид. песму бр. 142).

[192] Вид. песму бр. 104.

[193] Тип сукоба између ујака и сестрића симболизује у основи сукоб између оца и сина.

[194] Вид. песму бр. 72.

Борби међу сродницима који се не познају претходи мотив претње, док се сукоб завршава сестрићевом победом, Марковим рањавањем (Драгиша војвода ће му задати седамнаест рана), молбом да не буде погубљен, или бекством са мегдана.

У оквиру вербалног откривања идентитета, кроз монолошка казивања, у неким примерима наводи се и функција заробљавања сестрића док је још био нејак (што је општа црта сижеа песама са мотивом проналажења сродника), након чега следи плач и покајање због мегдана, као и видање Маркових рана. Међутим, ове песме најчешће се завршавају сестрићевим погубљењем на превару (Марко ће га отровати вином, или му одсећи главу док спава), што је пропраћено и певачевом дидактичком формулом која означава осуду његовог неморалног чина („Еј неверо ниђе те не било“).[195]

Овај поступак у сваком случају указује на негативне особености Марковог карактера, јуначку сујету и суревњивост.[196] Специфичност да су бољи јунаци од Марка најчешће и његови сродници, чињеница је на основу које се потврђује епска „вертикала“ међу јунацима (ујак Момчило, Марко, његов сестрић), заснивајући се првенствено на сродничким односима по мајчиној линији, јер право на статус бољег јунака стичу само они који припадају овом заједничком епском генеалошком стаблу.[197]

---

[195] Вид. песму бр. 72.

[196] Однос између јунака и његовог сестрића није увек утемељен само на мотивима обрачуна, већ и на Марковој заштитничкој улози према свом млађем сроднику. Он ће посаветовати сестрића како да изврши „свадбене задатке“, у оквиру женидбе „са препрекама“, чиме ће се процес провере завршити позитивно.

[197] Слични парови присутни су као образац у свеколикој епској традицији, нпр. чувени франачки јунаци Роланд и Карло Велики, у нашој поезији то су цар Душан и његов сестрић Милош Војиновић, или Бановић Секула и његов ујак Сибињанин Јанко.

4.5. Побратим, посестрима

Побратимство у нашој традицији има важан статус. Овај вид духовних односа од великог је значаја у песмама о Марку, јер побратими и посестриме, уз Маркове противнике и најближе сроднике, представљају и најфреквентније ликове.[198]

Могао би се навести читав низ имена Маркових побратима и посестрима,[199] али уочљиво је да су то ликови који припадају „реалном" свету (*Милош Обилић, Милан Тоīлица, Косанчић Иван, Мркоњић бан, Јуро Даничић, деūе Радојица; Јерина īосūођа, Јања крчмарица*), митолошким бићима (*вила Анђелија, Ђурђа самодива*), али и животињама (*орао аџијаш, īавран*). Маркови побратими су јунаци различитих етничких идентитета (нпр. *Змај Десūоū Вук, Тоūлица Милан; Гино Звездалија; Сибињанин Јанко; црни Араūин; Алија Ђерзелез, Алил-аīа, беī Косūадин*).[200] Маркови побратими и посестриме припадају и различитим временским епохама, што је типично обележје наше усмене епике (нпр. *Милош Обилић* и *Милош од Поцерја*). Најфреквентнија имена су *Милош Обилић (Кобилић), Реља од Пазара (Реља Крилаūи, Бошњанин),* али и *Алил-аīа, Сибињанин Јанко,* док су то међу женским ликовима посестрима првенствено виле, крчмарице (*Јања, Мара),* па и царева кћер. Често се њихова властита имена и не наводе, већ само опште одредбе (нпр. само побратим, или роби-

---

[198] Побратимство се поштује и у традицији других словенских народа, нпр. чувени белоруски „богатир" Добриња Никитич посебно уважава јунаке које назива побратимима.

[199] Вид. Регистар побратима и посестрима Марка Краљевића, у: *Анūолоīија народних ūесама о Марку Краљевићу,* 563.

[200] У македонским песмама, Марко никад није у таквим пријатељским односима са Турцима, нити има побратиме међу њима, као што је то случај у српским песмама (вид. Томе Саздов, *Краљевић Марко у македонским народним ūесмама,* поводом 600-годишњице Маркове смрти, 64).

њица, као и етнички називи – Туре, Арап, или Косовка девојка).

Начин обликовања ситуација које су у вези са братимљењем и сестримљењем, у песмама о Марку, најчешће је само редуковано вербално означен. У малом броју записа се ова функција детаљније разрађује,[201] док се у највећем броју случајева своди на формулне инвокације, синтагме или стихове који се попуњавају устаљеном употребом имена („богом брате", или „богом сејо", „богом побратиме", као и „Братка да сте, триста кирицији"), чиме се аутоматски потврђује успостављање овог вида односа, или истиче потреба за њим, што је најчешће условљено и мотивисано одређеним ситуацијама.[202] Марко ће помоћи вилама и на тај начин стећи посестриму која ће му бити од изузетног значаја. Вила ће братимити Марка како би га умилостивила да јој поштеди живот, што ће и многи јунаци чинити из истих разлога. Љуба ће братимити противника како би ослободио Марка, Призренке девојке да би их Марко заштитио од магијског утицаја Арапинове посечене главе, затим робиње, царева кћер, не би ли их јунак ослободио од насилника; али и, у контексту фолклорне фантастике, преполовљено противниково тело, или мртва девојчина глава, која тражи од Марка да је не остави итд. Слично се у невољним приликама опходи и Марко, и он ће братимити јунаке како би му поштедели живот, или тамничара у караоканској тамници да му отвори „пенџер", не би ли видео некога свога. Марко ће сестримити „велу самовилу" да би му повратила „двете црне очи" које је заробила, потом крчмарицу, кћерку азачког краља, како би му помогла да

---

[201] Као у песми бр. 6, када Марко бива задојен вилинским млеком, како би ступио у „духовно сродство" с вилама.

[202] Чин братимљења у нашем народу подразумева посебан црквени ритуал и молитву, јер се сматра светим и веома важним (вид. Никола Беговић, *Живот Срба граничара*, 80). Међутим, како сматра Тихомир Ђорђевић, довољно је и некога само назвати „побратимом", што подразумева да је обичај братимљења тиме извршен (вид. Тихомир Р. Ђорђевић, *Белешке о нашој народној поезији*, 154).

се ослободи из тамнице, па чак и гаврана („Богом брате, црна тицо вране"), не би ли однео писмо његовом побратиму калуђеру Саву.[203] У круг Маркових побратима и посестрима улазе и космичка тела, јер ће Марко сестримити и Звезду Вечерницу, тражећи од ње да му открије има ли бољег јунака од њега.

Један од типичних примера у вези са братимљењем је епизода из Караџићеве песме, забележене од Слепе Живане. Алил-ага ће изгубити у надметању и, уплашен за свој живот на основу претходно склопљене погодбе, братимиће Марка како би му поштедео живот („Стаде Турчин сузе просипати, / Стаде Марка Богом братимити: / Богом брате, Краљевићу Марко! /Вишњим Богом и светим Јованом / По убаву закону вашему").[204] Овим стиховима се јасно означава формулни модел ситуације – реакција и функције јунака који иницира ступање у ову врсту односа (страх, плач, молба), након чега могу уследити различите могућности. Прва – прихватање побратимства или посестримства, односно праштање живота (као у случају са Алил-агом), или пружање помоћи у неприлици (крчмарица која постаје Маркова посестрима и помаже му да се ослободи из тамнице). Другу могућност представља неприхватање, односно пренебрегавање упућене молбе, што у многим примерима означава мотивацију за Марков коначни обрачун и погубљење противника. Битан чинилац је и успостављање семантичких веза између појмова побратимства и религијских представа, при чему основну функцију имају ликови хришћанске идеологије (Бог и свети Јован). Тиме се потврђује поимање хришћанског утицаја, али и символички значај специфичне улоге (свети Јован у нашем народу је заштитник кумства и побратимства). Постоје извесни

---

[203] И Вук Караџић истиче, између осталог, да је једна од најчешћих ситуација ступања у овакву врсту односа када се људи нађу у невољи и неприлици (вид. Вук Стеф. Караџић, *Етнографски списи*, 342).

[204] Вид. песму бр. 56.

елементи кодекса који подразумевају и утврђене обавезе између јунака и нпр. његове посестриме, што је типично за Марков однос према митским божанствима (вила ће подсећати Марка на тренутак братимљења и међусобна зарицања да помажу једно другоме у невољи). Вила има значајну улогу у јунаковом „епском" животу, јер се њихов међусобни однос карактерише реципрочношћу, као и посебном брижношћу и „сестринском" захвалношћу. Након што је ослободио од троглавог Арапина, она ће му видати ране које је задобио на мегдану са њим („Па извида побратима свога, / Видала га на бијелу крилу, / а љубила у бијело лице").[205]

Утврђен је и карактер релација између Марка и његових побратима и посестрима. Он ће указивати сву част и гостопримство, дочекујући своје побратиме, који ће имати знамениту функцију при његовој просидби и у сватовима (Алија Ђерзелез, или Земљић Стјепан). Побратими се дочекују на традиционалан начин („Руке шире у лице се љубе, / За јуначко питају се здравље"), или се овај мотив наводи само уопштавањем поступка („Лијепо их дочекао Марко"), након чега увек следи мотив пијења вина.[206] У вези са дочекивањем јунака, као у песми „Сестра Леке капетана", певачу се пружа могућност да укаже и на неке социјалне и статусне одлике домаћина. Старац Милија ће, након формулних стихова о сусрету јунака, у продуженом експозиционом делу песме, детаљима ткати ентеријер Лекиних двора све до тренутка седања за „совру", што свеукупно оставља посебан утисак на Марка („Кад дођоше врху на чардаке, / Кудгођ Марко земљу проходио, / Ни чему се није зачудио, / Ни се Марко од шта застидио, / Ту с' зачуди Марко и застиђе, / Кад у Леке сагледа чардаке / И Лекину виђе госпоштину").[207]

---

[205] Вид. песму бр. 98.
[206] Шпански витезови у епу о Сиду Бојовнику, при сусрету, љубе се у уста.
[207] Вид. песму бр. 23.

Марко ће бити дарежљив према својим побратимима. Дојчил-капетану који га је ослободио из татарске тамнице, он дарује „товар блага", али и своју посестриму (кћерку од Хазака краља), за жену (у примерима са мотивима проналажења блиских сродника – сестру), као и „старјешинство", најбитнији знак јунаштва и признања ономе који по својим епским карактеристикама, у овом случају, то непобитно и заслужује.[208]

Марко ће, међутим, у извесним ситуацијама наговарати побратиме да беже пред надмоћнијим непријатељем (нпр. пред Љутицом Богданом), или да, супротно томе, пођу међу горске виле, иако оне изричито забрањују јунацима пролазак кроз гору. Наговараће и Милоша (или Рељу) да пева кроз гору, без обзира што му је вила Равијојла запретила да ће га, уколико запева, сурово казнити. Позивајући се на своја атрибутивна својства (снагу, оружје, „видовита Шарца"), успеће да наговори побратима да превлада страх и прекрши забрану.[209] Мотив певања кроз гору је чест у песмама о Марку и доводи се у везу са делокругом ликова Маркових побратима (али и Маркове љубе, сестрића), представљајући у свим овим случајевима иницијални моменат заплета (када је реч о Марку, онда је то потпуно другачија морфолошка позиција).[210] Ова функција је у спрези са

---

[208] Вид. песму бр. 87.

[209] Вид. песму бр. 78. Драгутин Костић претпоставља да је Милош у овој песми временом заменио лик Константина Дејановића (Драгаша), јер се на основу епитета „царско грло", што се односи на његово племенито порекло, као и маршруте јунака, може претпоставити да је Марков и Милошев пут, у ствари, последњи заједнички поход Марков и Константина Дејановића пред битку на Ровинама. Временом је, како сматра Костић, Милошев лик „јаче локализован" на овим просторима Источне Србије и тако је дошло до њихове замене (вид. Драгутин Костић, *Ко је Марку певао кроз Мироч*, 259).

[210] Уобичајено је да се мотив Марковог певања кроз гору најчешће налази у оквиру завршних формулних стихова песама, и то након обрачуна са противницима, чиме се описује његов одлазак са места мегдана („Оде Марко гором пјевајући", или „Пјевајући коња играјући").

извесним забранама, што проистиче из односа између јунака и митских бића (првенствено вила), чиме се потврђује статус горе као станишта демонских сила и простора који је типичан за епску поезију. Виле кажњавају Марковог побратима (Милоша, или Рељу), због прекршеног табуа, али Марко ће успети да својим моћима и атрибутима достигне вилу и примора је да извида јунака. Тиме се нарушена равнотежа враћа у почетно стање, док се песма завршава Рељином женидбом вилом, или глорификацијом Маркових епских особености.[211]

И побратими ће имати позитиван утицај на Марка, њихов однос је прожет епском етиком – Белил-ага ће га одговарати од кавге са многобројнијим противницима, као што ће га и Милош спречити да погуби њиховог заједничког побратима Леку капетана, због увреда које им је нанела његова охола сестра. Побратими ће се обрачунавати и са Марковим противницима: Дојчил-капетан са краљем од Хазака који је заробио Марка, или Сибињанин Јанко и његов сестрић Бановић Секула са Махмут-везиром. „Црни Харапине" ће плакати прочитавши да му је цар погубио Марка, заричући се при том (метафорично) да ће га осветити („Султан-царе, један муртатине / Што изгуби побратима мога – / С врагом ће ти Цариграду доћи").[212]

Чест мотив у епској поезији је и писање писама, порука („књига"). Ова формулна функција значајна је по томе јер представља облик писмене комуникације међу ликовима. Садржај „књига" које Марко упућује побратимима најчешће је у вези са мотивима позивања јунака у сватове, као и позивањем за ослобађање из тамнице, или руку противника који га заробљавају у различитим приликама. Међутим, садржај писама, које Марко добија од побратима, мотивски је разноврснији, јер поред устаљених форми различитих позива, она поседују и известан информациони (обавештајни) карактер. Из „књиге" „Змај-Деспота Вука" Марко

---

[211] Вид. песме бр. 78 и 77.
[212] Вид. песму бр. 85.

ће сазнати како се Филип Маџарин зарекао да ће га погубити, што ће динамизирати и условити даљи развојни ток песме, с обзиром на то да следи Марково спремање за обрачун са Филипом и хитри полазак.[213] Садржај онога што је у форми „књига" увек се „вербализује" (казује), одмах након функције писања, самим тим и пре читања, што значи да писмо или поруку која је кратка (на то указују и формулни епитети, „ситна књига", или „танка"), монолошки казује лик пошиљаоца. Врло ретко садржај писма излаже наново онај коме је „књига" упућена, већ се наводи само функција читања, након чега следе одређени поступци, условљени и мотивисани значењем и садржином поруке.

Марко ће се и обрачунавати са својим побратимима, или кажњавати неверност и издају посестрима. Чиниће то када они прекрше темељне етичке норме, као што је то случај са Земљићем Стјепаном који ће „продати" Маркову невесту дужду од Млетака, или након клађења са Накић-Ибрахимом у верност и мудрост љубе. На бруталан начин казниће крчмарицу Мару, која му је издала брата Андрију, задовољивши тиме највише законе и принципе „родовске" правде. Међутим, Марко ће и, у незнању, погубити свога побратима (црног Арапина који жели да га ослободи), због чега ће, кајући се, изградити цркву „покајницу" („Па Арапу задужбину гради, / Пред Стамболом пребијелу цркву, / Све за севап црна Харапина, / А за здравље своје себе Марко").[214]

4.6. Цар

У оквиру „духовно-сродничких" односа царев лик може се тумачити двојако. Српски цар Урош ће се позивати на „кумство", док ће турски султан Марка називати „посинком".[215]

---

[213] Вид. песму бр. 59.

[214] Вид. песму бр. 85.

[215] Посињење у нашем народу представља ритуални моменат, посебан обред, као и читав низ елемената и обавеза које посинак испуњава према своме поочиму. Наиме, познато је да породица може

Објективних основа оваквим релацијама ипак нема, али Марков однос према цару (царевима) карактеришу у том смислу врло сложене историјске околности, и његов ритерски статус се мора посматрати кроз два периода. Први би представљао време за живота српског суверена цара Уроша, Душановог наследника, док би други означавао време Марковог вазалства султану и Турцима. Витешка служба суверену није само Маркова специфичност, верност, пожртвованост и оданост одличје је и једног од централних ликова косовске легенде – Милоша Обилића.[216] Овакав статус јунака није познат само нашој усменој епској традицији, овај моменат присутан је и у биографијама многих јунака источних и западних епова (нпр. персијски херој Рустем је одан иранском краљу, огуски јунак Бамси Бејрек – свом казану, Роланд – краљу Карлу, Сид Бојовник – шпанском владару Алфонсу, док јунак старофранцуског епа Ренуар служи, као и Марко, интересима и источњачких сизерена).

Марков лик грађен је на основама крајње позитивног и заштитничког односа према српском суверену.[217] Јунак је

_____

посинити „мушко дете, било из најближе родбине, било сасвим страно, које им се допадне, те им је уместо правог сина" (вид. Др. Тих. Р. Ђорђевић, *Наш народни живот*, 86).

[216] Маркова популарност настаје, према мишљењу француског научника Андреа Вајана, услед „жеље словенског живља" за епским певањем под Турцима. Марко као јунак који представља „политику сарадње са Турцима" идеалан је избор у том смислу, постајући пандан најузвишенијем српском хришћанском јунаку Милошу, јер и Марко стиче улогу „савршеног витеза који служи Богу и своме господару" (вид. Andre Vajan, *Sultanov sluga kao nacionalni junak*, 287–288). Слично мишљење о разлозима Маркове популарности, у нашој науци, износи и Светозар Матић, јер слобода певања о Марку као „туркофилском јунаку" омогућује да се „епско певање" о њему рашири на целом српском, а потом и јужнословенском простору (вид. Светозар Матић, *Нови огледи о нашем народном епу*, 214).

[217] У једној песми Стефан оставља царевину своме сину Урошу, али на чување Марку и Милошу који су у Русији изучили школе. Марко зна седам језика, а Милош је још врснији полиглота који говори чак дванаест језика (вид. песму бр. 143).

чувар српског царства и „нејакога" Уроша, и он ће праведно пресудити круну ономе коме она легитимно припада, због чега ће га млади Урош благосиљати у „епском" и „пророчком" духу („Куме Марко, Бог ти помогао! / Твоје лице св'јетло на дивану! / Твоја сабља сјекла на мејдану! / Нада те се не нашло јунака! / Име ти се свуда спомињало, / Док је сунца и док је мјесеца").[218]

И Урош, као и Марко, доводи се у супротност са ликом оца, јер док је Урош у народној традицији окарактерисан са доста благонаклоности, Душан је означен са много негативних црта. Народни стваралац знатно је наклоњенији личностима наследника престола, што проистиче не само из једне опште и формулне карактеризације која се везује за њих (царевиће, краљевиће), већ и из специфичних историјских околности које у овом случају зближавају животне и породичне судбине ових двеју личности – Уроша и Марка. Душанов наследник је на престолу у време слабљења војне и политичке моћи царства, у периоду осамостаљивања српских великаша, наметања и снажења нових породица, при чему је његова улога владара царства готово формализована. Неке чињенице у вези са његовим породичним животом указују и на посебан и готово подређени однос према мајци, царици Јелени, а зна се и да Урош за собом није оставио наследника. Ови биографски детаљи подударају се са приликама у којима се нашао и Марко након погибије Вукашина и Угљеше Мрњавчевића, као и однос према мајци (првенствено на основу усмене традиције), па и чињеница да ни Марко није имао свог наследника. Две сличне историјске судбине (тенденциозно слабљење и раслојавање српског царства, на једној страни, као и отимање територија Мрњавчевића након њихове погибије, у Марковом случају),[219] могле су утицати, иако је Марко надживео

---

[218] Вид. песму бр. 111.

[219] Марко и његова браћа су након погибије Вукашина и Угљеше били само проматрачи распарчавања и грабљења једне од ондашњих највећих области на Балкану. Успели су да сачувају само ужи део

свог сизерена (с обзиром да је Урош умро у децембру 1371. године), на заједничко уобличавање представа о ликовима ових српских владара, исказујући превасходно саосећање народа према њиховим људским судбинама, у крајње злехудим и неповољним историјским приликама.[220] Марко ће бити не само Урошев заштитник, већ и повереник, заступник, он ће учити Уроша „царевању" итд. На ово непосредно указују и неке историјске чињенице којима се потврђује изузетно поверење Урошево, јер ће се Марко наћи на челу српског посланства у мировним преговорима са Дубровчанима 1361. године што, према мишљењу историографа, представља истовремено и први поуздани податак о Марку и његовој улози у српском царству тог периода.[221] Још један факат показује благонаклоност према „младом краљу Марку", јер се односи на његово добијање права на откуп ктиторства цркве Свете Недеље у Призрену, једном од централних градова и средишта немањићког царства, чијим је „повеленијем и откупом" ова црква сазидана и живописана.[222] Очигледно је да су овакви поступци, имајући поткрепљење и у народној усменој традицији, утицали и на стицање нешто другачијих представа у вези са односима између Марка и српског суверена цара Уроша, па и сагле-

Македоније са упориштем у Прилепу, као једним од већих градова на тој територији.
[220] Руски научник Михаил Халански видео је у личности краља Марка „невољног страдалника и несрећног владаоца", истичући да је управо саосећање народа према његовој судбини, као и наклоност, највероватније представљало разлог његове популарности међу Србима и Бугарима (вид. Михаил Халанскій, *Южно-славянскія сказанія о Кралевичѣ Маркѣ въ связи с произведеніями русскаго былевого эпоса*, 126–127).
[221] Сматра се да је Марко том приликом подигао и депоновано сребро породице Мрњавчевић, као и да је посредовао за неке угледне призренске трговце код Дубровчана (вид. Раде Михаљчић, *Крај Српског царства*, 58–59).
[222] О томе сведочи и натпис на цркви Свете Недеље у Призрену (вид. Милан Ивановић, *Натпис младог краља Марка са цркве Св. недеље у Призрену*, 20–21).

давања Маркове историјске улоге уопште. Нека новија ту-
мачења доводе у питање чак и поступак наслеђивања титу-
ле „младог краља“ коју је носио Марко, како се сматра по
оцу (краљу Вукашину), полазећи од претпоставке да Марко
није „млади краљ оцу Вукашину (само савладару царевом),
већ цару Урошу.“[223] Тиме се указује и на једну потпуно нову
функцију титуле „младог краља“ у вези са Марком, али и на
његову специфичну улогу, јер он по вољи Урошевој бива
његов изабраник, а самим тим, после његове смрти, круни-
шући се за краља (најверованије, непосредно након Ма-
ричке битке), и – „последњи правоснажни наследник дина-
стичке породице Немањић.“[224]

Марко је један од особених ликова наше историје и усме-
не традиције који је служио два (односно три) владара: срп-
ског цара Уроша, а након погибије краља Вукашина и стри-
ца деспота Јована Угљеше, Марко постаје турски вазал, у
служби султана Мурата, а потом и његовог сина Бајазита.
Не зна се поуздано када је Марко ступио у вазални однос,
али се претпоставља да је то било не задуго после Маричке
битке. Синови Вукашина Мрњавчевића, на челу са најста-
ријим Марком, постају слуге онима који су погубили њихо-
ве претке и проузроковали њихову историјску трагедију.
Међутим, без обзира на један овакав парадокс (у сличној си-
туацији налазио се и деспот Стефан Лазаревић, који служи
султана Бајазита, након Косовске битке у којој гине и његов
отац кнез Лазар Хребељановић), прилике у којима су се на-
шли Марко и његова браћа никако нису ишле на руку по-
томцима Мрњавчевића. Крунисавши се за краља (о овоме
сведоче титуларне формуле „В Христа бога благоверни
краљ Марко“ на примерцима сачуваног Марковог новца,
искованог, најверованије, након 1371. године,[225] као и на
живопису цркве Светог Димитрија, његовог манастира, у

---

[223] Ненад Љубинковић, *Краљевић Марко – историја, мит, леген-
да*, 180.
[224] *Исто*, 185.
[225] Раде Михаљчић, *Крај Српског царства*, 213.

околини Скопља),[226] Марко није успео да посебно поправи свој положај нити да ишта промени у односима са српским обласним господарима и великашима. Једном речју, његова легитимна титула краља, као и претпоставка да је био једини правоснажни наследник Урошев након његове смрти, није имала никаквог утицаја на српску властелу.[227] Није немогуће да је у таквим околностима краљ Марко, желећи да сачува и оно мало територије, донео одлуку да са својом браћом приђе Турцима и на тај начин потражи заштиту, и одбрани од грамзивих великаша оно што им је злехудом историјском судбом преостало. Није поуздано утврђено које су то вазалне обавезе биле у почетку Маркове и његове браће према цару Мурату, али може се претпоставити, на основу неких карактеристика у вези са начином турског управљања хришћанским областима, да им је остављена аутономија у владању територијом, без значајног мешања у унутрашње послове.[228] Након Косовске битке, у којој Марко, највероватније, није учествовао (иако у народној усменој традицији има доста алузија како је био учесник овог историјског збитија), био је принуђен да, као и остали вазали, војује у походима и војнама које је, након Муратове погибије, предводио султан Бајазит.[229]

Чињеница је да народна усмена поезија о Марку познаје његову вазалну историјску улогу. У многим примерима он војује на царевој страни против његових противника, најчешће Арапа, учествујући и у освајању противничких

[226] Војислав Ј. Ђурић, *Три догађаја у српској држави XIV века и њихов одјек у сликарству*, 87–88.

[227] У македонској и бугарској народној традицији Марко се помиње као краљ (*крали* или *крале*), док се у српским песмама наводи искључиво као Краљевић Марко.

[228] Константин Јиречек, *Историја Срба*, 313.

[229] Неки историчари књижевности сматрали су да се Марко овим походима и прославио, као и да је легенда о њему тада и настајала, разносећи се и величајући његову славу и популарност широм Балкана (вид. Salko Nazečić, *Epski Kraljević Marko*, 548).

градова. Функцији Марковог поласка претходе мотиви царевог (писменог) позива, мајчин савет (доношење одлуке), спремање за полазак, опраштање (најчешће с љубом). Назначена сижејна шема, уз извесне модификације, присутна је на целом јужнословенском простору. Мотив Марковог спремања обично се карактерише назнакама да се јунак спрема сам, или да га за војну спрема љуба, коју он оставља „нељубљену и незагрљену". Песме у којима Марко војује у служби цара најчешће везују за себе мотиве о верној или неверној љуби, обрачуну са противником који хара његове дворе и одводи му жену. У појединим записима наводе се и неке специфичности у вези са војевањем, као што је временско одређење („Војевао за девет година / И десете четири месеца"),[230] или херојска пожртвованост у тим походима („задаше му седамдесет ранах"), као и податак да Марко у војску не полази сам („С' собом води слугу Голубана").

Марко не само да представља важан чинилац у царевим војним походима већ и једино ослониште у борбама против арапске војске. Док он усред боја прославља своје крсно име, добивши од цара за то дозволу, или одсуствује „нећељом", када „сабљом не сијече", противничка војска ће успети да се одупре Турцима и угрози чак и самог султана. Моменат Марковог одсуства врло је близак ситуацијама и у другим познатим еповима (Ахилејево одсуство у борби против Тројанаца у *Илијади*, или Рустемово из боја иранске војске против Сухрабових јунака у спеву *Шахнаме*, с том разликом што је њихово неприсуство мотивисано претходним размирицама, представљајући знак протеста, пркоса и љутње). Цар ће молити јунака да се врати у бој („Устај, Марко, ако знаш за бога! / Те освећуј свога поочима, / и његову нагрђену војску"),[231] док ће се у варијанти из Караџићеве збирке овај позив градацијски утрајати, у сразмери са напредовањем противника.[232] Марко ће спасавати ца-

---

[230] Вид. песму бр. 51.
[231] Вид. песму бр. 64.
[232] Вид. песму бр. 115.

ра и његове солдате, обрачунавајући се са многобројним непријатељем, освајајући при томе њихове градове у славу свога суверена.[233] Марко је и царев заточник, борећи се против његових противника на мегдану (доносиће му чак и њихове главе), ослобађаће његову кћер итд.

Цар награђује Марка за почињена херојска дела (најчешће је то формулни облик, изражен у „товарима блага“, три, пет, шест и седам). Сем обећања награде у новцу („небројено благо“) цар обећава Марку и „лијепу ђевојку“, па чак и звања и титуле (везира, или паше).[234] Мотиву награђивања претходи обећање, што се најчешће не реализује у назначеном облику, већ у новцу (дукатима), или благу. Цар ће Марка, међутим, даривати новцем и из других разлога, дајући му за пут, пружајући му могућност да напусти војну, при поласку у просидбу, или повратку кући.

Различити су разлози Марковог доласка цару на „диван“, али они се најчешће односе на потребу за разјашњењем или оправдањем његових поступака. Цар ће тражити од јунака објашњење зашто је погубио Мурата везира, или Мустаф-агу, одговоре да ли је отео „хазну“ и посекао хазнадаре, као и да ли уистину не поштује његов „јасак“.[235] Ситуацију Марковог дијалога са царем карактерише јунаков застрашујући изглед који има своје формулне еквиваленте још само при обрачуну са најљућим противницима („Када Марко у Једрене дође / И на диван пред цара изиђе, / Очи му се бјеху узмутиле, / К'о у гладна у гори курјака: / Кад погледа, кан' да муња сине“);[236] његова епска неустрашивост (у неким примерима Марко ће посећи све око себе сем цара),

---

[233] Јунаци који освајају противничке градове су и Александар Македонски, Сид Бојовник итд.

[234] У варијанти песме о Марковом обрачуну са Мусом, из рукописне збирке Думбе Лазара, цар ће јунака награђивати и бројним градовима (вид. песму бр. 145).

[235] Маркови поступци су у овим случајевима мотивисани осветом, као карактеристичним епским принципом, али и пркосом свему што се противи његовој људској, верској или националној индивидуалности.

[236] Вид. песму бр. 119.

заснивана на контрасту у односу на „минимизирани" султанов лик и његове поступке („Цар с' одмиче, а Марко примиче, / Док дођера цара до дувара").[237] Ова сцена се готово увек завршава царевим даривањем (као потенцијалним разрешењем), при чему се више не инсистира на образлагању јунакових почињених дела и разлогу доласка, а цела епизода на најефектнији начин добија комична обележја.

У многим примерима однос између Марка и цара темељи се и на директном непријатељству, цар ће вређати Марка, заробити га и бацити у тамницу, похарати му град, али ће и Марко на свој начин узвраћати („Pa se Marko na cara razjadi / I udri ga nemilo po glavi, / Da se j' srušil nasredi kamare"),[238] или се засвагда обрачунати са њим („Sinu sablja, odsječe mu glavu").[239] Карактеристично је, међутим, да су примери Марковог обрачуна са царем (или његовог кажњавања) више присутни у вансрпским подручјима, у којима Марко губи извесна обележја ритерске оданости суверену, и где се очито пренебрегавају и историјске специфичности и утврђени односи. Марков вазални и подређени положај на посебан начин транспонован је у једном од записа из муслиманског зборника песама. Марка ће, наиме, оклеветати цару и тражити од њега да га погуби.[240] Цар под наговором наређује јунаково погубљење и наивно пристаје на нечасну погодбу (с Луком од Приморја), не знајући да ће бити преварен, чиме ће довести и себе у опа-

---

[237] Вид. песму бр. 113. Овакав модел присутан је и у Караџићевим песмама „новијих времена", у песми „Почетак буне против дахија", јер Вишњићева карактеризација „обор-кнеза" Илије Бирчанина, као и његов однос према Турцима и дахијама, умногоме подсећа на Марков сусрет са царем (вид. Караџић, СД, VII, песма бр. 24).

[238] Вид. песму бр. 5.

[239] Вид. песму бр. 89. Марко ће слично поступити и у једном примеру из збирке Матице хрватске (вид. песму бр. 146).

[240] Мотив клеветања јунака пред сизереном наводи се и као историјска чињеница у биографији деспота Стефана Лазаревића, али и као мотив у епу о Сиду, када га шпански витезови из зависти клеве-ћу пред краљем Алфонсом.

сност. С обзиром на то да је наговорен, његова кривица се релативизује. Пошто ће бити преварен (Лука од Приморја га позива на мегдан или предају), оставши без заштитника, цар ће се покајати, јер је „погубио" најбољег јунака и заточника, заричући се да ће осветити Марка („Kunem se pa i Boga dajem, / Da ću moga Marka osvetiti / Dušmaninom pašom Murat pašom, / Koji mi je Marka napanjkao").[241] С обзиром да Марко ипак није погубљен, Мурат паша ће бити заслужно кажњен за своју клевету, а султанова част спасена захваљујући Марковом обрачуну с Луком од Приморја. Однос између Марка и цара, у овом случају, темељи се на хијерархијски утврђеним чиниоцима, али и на тенденцији да се у њега уткају представе о присности, емотивности, благонаклоности. Марко је беспоговорни царев витез који ни у једном тренутку не криви свога суверена за непромишљене поступке и похлепу (Лука од Приморја обећава градове за Маркову главу), а сва кривица пребацује се на индиректног противника (Мурат-пашу који је оклеветао Марка и наговорио цара на нечасну погодбу). Султан се очински понаша према Марку, тобож, признајући, своју погрешку и жалећи за оним што је учинио. Тиме се не нарушава етичка представа о лику сизерена, одређујући јасно јунаков статус који је у његовој служби и под његовим окриљем (Марко је потчињен моћима „бога" чије се одлуке и хирови морају прихватити), док се релациони систем темељи на прецизно издиференцираним позицијама и реципрочним везама (цар од чије воље зависи јунаков живот и јунак који једини може одбранити султана и његово достојанство).

5. ПРОСИДБА

Мотив Марковог поласка у просидбу или тражења девојке еквивалентан је функцији „недостатка", што је специфично и за бајку, а о чему је писао Проп, док се јунаков одла-

---

[241] Вид. песму бр. 63.

зак у просидбу квалификује као тежња ка разрешењу и хармонизовању ситуације, односно проналажењу веренице и „отклањању" почетног недостатка. Просидба је као тематско-мотивски чинилац присутан и у другим еповима (индуски јунак Нал ће поћи у просидбу прелепе Дамајанте; Рустем ће испросити девојку Техмину; док низоземски јунак Сигфрид проси по лепоти чувену Бурдгунђанку Кримхилду).

Поласку у просидбу претходи дијалог с мајком, у оквиру којег се истичу разлози зашто се Марко није још оженио („Ој Бога ми, моја стара мајко! / Прошао сам девет краљевина, / И десету Турску царевину; / Ђе ја нађох за мене ђевојку, / Онђе нема за те пријатеља; / Ђе ја нађох за те пријатеља, / Онђе нема за мене ђевојке").[242] Марков став истиче изузетну селективност при избору, која је заснована на примерености изабранице према јунаку који је изузетан, али и на уважавању мајчине личности, поштовању и бризи и о њеном статусу. Дефинитиван Марков избор темељи се на основу информација и гласина о непознатој девојци, или на основу сусрета са њом, што је крунисано његовом одлуком о поласку. Девојка коју Марко има намеру да испроси карактерише се првенствено по естетским, али и моралним критеријумима. Најчешће се опис девојке изражава општим одредбама („добра цура", „лепота девојка"), или у оквиру формулних почетака песама, метафоричним паралелизмима („Од како је свијет постануо / Није бољи цвијет процватио"). Често су и развијене поредбе њене лепоте са митолошким светом (упоређивање са вилама), или истицање околности којима се онеобичавају девојчине особености и врлине („Ђевојка је у кавезу расла, / Кажу, расла петнаест година, / Ни виђела сунца ни мјесеца, / Данас чудо оде по свијету"),[243] као и Маркова реакција којом

---

[242] Вид. песму бр. 25.

[243] Вид. песму бр. 23. Чување девојке у кавезу представља вид заштите од урока, што је у нашу традицију уткано под утицајем представа са истока (вид. Тихомир Р. Ђорђевић, *Белешке о нашој народној поезији*, 127).

се сугерише њена појава („Кад је виђех, моја стара мајко! / Око мене трава окрену се").[244]

Марко проси девојку, удовицу, па чак и, у једном комичном запису из Македоније, девојку своме сину који је још у пеленама. Јунак ће, иако је ожењен, просити „Шеварку девојку" јер са својом љубом нема порода. Он бира девојку увек (или се жени) са просторно удаљених подручја у односу на његово одредиште (као топоними помињу се општи географски појмови или конкретизују називи градова: *Кара-Богданска, Бугарска; Призрен, Шевер, Беч*). Марко ће, при том, просити кћерку војводе Мирчете, сестру Леке капетана, кћер бечког „ћесара", бугарскога краља „Шишманина", али и девојке којима се не наводи порекло (стајаћа имена наше усмене традиције, нпр. *Росанда, Ружица*).

Битан мотив у вези са просидбом јунака је његово спремање (опремање) за полазак. Марка ће спремати мајка, док ће он, у тим приликама, опремати свога Шарца. Најразвијенији опис у контексту просидбе уобличен је у песми из Караџићеве збирке о сестри Леке капетана.[245] Јунаку ће помагати и сестра која му из сандука са „чардака" доноси „господско одело", припремљено за овај свечани чин. Марково спремање карактерише истовремено каталошки опис одевних елемената, опреме и оружја. На Марку су „господске хаљине", „чоха и кадифа", „калпак и челенка", а за појасом „сабља димискија" са „златним китама". Међутим, јунаков изглед (а и поступци) у овој песми знатно је подређен визуелним (а и карактеролошким) представама о његовим побратимима војводи Милошу и Рељи Крилатоме, који, такође, полазе у просидбу изузетне Лекине сестре Росанде.[246]

[244] Вид. песму бр. 25.

[245] Вид. песму бр. 23.

[246] Просидба исте девојке веома је честа у епској поезији: девојку ће испросити Марко, препросити војвода Јанко, „прстеновати" Уступчић Павле, а сва тројица истовремено поћи по њу. Слично томе ће Марко, Сибињанин Јанко, Златанић Павле са својим сватовима кренути по исту девојку, док ће бан од Ердеља, поћи да отме девојку коју је Марко испросио. Овај мотив постоји и у *Калевали* – и јунаци Вејнемејнен и Леникајнен полазе заједно да испросе исту девојку.

Милош ће на себи имати „три ката хаљина", пригрнуће „коласту аздију" које ни „у краља нема", док ће Реља својим изгледом засенити оба јунака, тиме што овај градацијски низ добија свој крајњи исход у негативном конотирању претходника („Но да видиш дивна ђувеглије, / Ђувеглије, Реље крилатога! / Није шала један крилат јунак! / Није шала крила и окриље! / А јадан ти према њему Марко! / И јадан ти Милош војевода").[247]

Девојка ће одбити Марка тако што ће га надмудрити (као и војводу Јанка), узевши га за кума и не прихвативши његова просидбена обележја („Богом куме, Краљевићу Марко! / Стари свате воевода Јанко! / И остали кићени сватови! / Богом браћо, добри пријатељи! / Јабука је дечина забава, / А прстен је јуначка белега; / Ја ћу поћи за Уступчић-Павла").[248] Сестра Леке капетана ће охоло извређати Марка и друге просце, при чему ће њен разлог одбијања бити заснован на једном од темељних елемената Маркове историјске и епске судбине („Јел је Марко Турска придворица, / Са Турцима бије и сијече, / Ни ће имат' гроба ни укопа, / Ни ће с' Марку гроба опојати").[249] Јунак ће у свим овим ситуацијама реаговати плаховито, осећајући угроженом своју част, образ, углед, што се може тумачити као изразита црта „виолентности" у његовом карактеру.[250] Међутим, Марка ће девојка (Ружица, кћерка бечкога „ћесара") једног изабрати међу бројним јунацима (око 307 просаца).[251] У овом запису каталошки се наводе одбијени јунаци (неколико бана, капетана, „ценерала" и још, фор-

<hr>

[247] Караџићев певач Старац Милија је у својим песмама посебну пажњу посвећивао естетским детаљима, изгледу јунака и начину опремања.

[248] Вид. песму бр. 22. Девојчино одбијање просаца познато је и у светској књижевности (Одисејева Пенелопа одбија просце, као и Бурдгунђанка Кримхилда).

[249] Вид. песму бр. 23.

[250] О виолентним типовима Динараца писао је Јован Цвијић (вид. Јован Цвијић – Иво Андрић, *О балканским психичким типовима*, 67).

[251] Вид. песму бр. 24.

мулним бројем означено, око 300 просаца). Она ће изљубити све просце редом, али најпре Марка, оставивши му „јаглук" као обележје заветовања, обећавши му се за „љубу" („Нека знадеш да ћу твоја бити"). Јунак ће својој изабраници даривати прстен и јабуку, што у контексту свадбеног ритуала има посебно симболичко значење. У неким нашим крајевима јабука и прстен су синоними за веридбу.[252] Јабука (најчешће златна) везује се за плодност, али и трајност новоуспостављених односа, што је присутно и у античкој митологији.[253] Прстен ће (златан, или дијамантски), у складу с тим, представљати својство сједињавања, успостављање „завјета, заједнице, заједничке судбине".[254] Према обичајном свадбеном кодексу Марко (младожења) дарује и девојчину родбину, а и „порезаће рухо на ђевојку" што се, као поступак „улагања у невесту", може означити као процес „превођења" у свет нове заједнице.[255]

6. ЖЕНИДБА

Женидба је једна од најопеванијих тема у оквиру биографија јунака. У нашој традицији свадбене свечаности подразумевају читав низ елемента и функција, што се транспонује и у тематско-мотивску структуру песама о женидби јунака. Свадба у осталим приповедним жанровима, нпр. бајци, представља, према Проповом морфолошком низу, последњу функцију. Међутим, стиче се утисак да Проп, ка-

---

[252] Вук Караџић је описујући свадбене обичаје у Срему изједначавао ове појмове са значењем појма веридбе. За учеснике у просидбеном ритуалу наводи да су то „јабучари" или „прстенџије" (вид. Вук Стеф. Караџић, *Етнографски списи*, 363).

[253] Богиња Геја ће као свадбени дар поклонити Зевсу и Хери дрво са златним јабукама, чиме се обезбеђује плодност, вечна младост и бесмртност.

[254] J. Chevalier – A. Gheerbrant, *Rječnik simbola*, 537.

[255] Вид. Зоја Карановић, *Свадба и дар, или дијалог који траје*, 127.

ко примећују неки научници, није довољно простора посветио овом проблему, за разлику од почетне ситуације у бајци о којој је дао знатно више образложења.[256] У епској поезији женидба је сижејна целина која подразумева низ поступака, представљајући једну од најстаријих тема на јужнословенском подручју која успоставља „blisku vezu sa obrednim elementima svadbene lirike, i očuvanost rodovskih odnosa uz feudalne državničke vizije“.[257]

Историјски извори потврђују да је Марко био ожењен Јеленом, кћерком Радослава Хлапена, господара градова у северној Грчкој. И овај брак био је у функцији јачања утицаја Мрњавчевића и ширења територија на рачун родбинских веза.[258] Један од извора наводи и могућност Маркове женидбе са девојком из угледне дубровачке породице (из „хрватске куће Шубића“), што се није остварило интервенцијом клери и самог папе.[259]

Песме о Марковој женидби подразумевају углавном као иницијалне моменте просидбу и веридбу, представљајући комбинацију са функцијама саветовања кога позвати у сватове, затим упућивања позива (писменим путем), поласка јунака, дочекивања сватова и даривања, извршавања задатака или превладавања препрека (најчешће, пресретање сватова), што је у спрези са мотивом обрачуна са насилницима и отимачима (или митолошким ликовима), и на крају повратка сватова у „дворе“ јунака. Ова основна сижејна шема допуњује се и новелистичким мотивима откривања идентитета невесте и проналажења сестре, као и откривањем неверства кума или девера, и обрачунавањем с њима.[260] Међутим,

---

[256] Вид. Снежана Самарџија, *Поетика усмених прозних облика*, 32–33.

[257] Radmila Pešić – Nada Milošević-Đorđević, *Narodna književnost*, 113.

[258] Вид. Раде Михаљчић, *Крај Српског царства*, 99.

[259] Вид. Константин Јиречек, *Историја Срба*, 328.

[260] У неколиким примерима мотив Маркове женидбе само се констатује, без прецизнијих одређења, у уводном или завршном делу песме, при чему се тематско-мотивски чиниоци односе више на карактеризацију Маркове љубе, или њихових међусобних односа.

Марко се не жени само девојком, већ и вилом, што указује на његове специфичне моћи и начин стицања изузетног потомства. Јунак ће се женити на мајчин наговор, али ће Марка женити и отац (у неким песмама наводи се његов узраст при жениби, нпр. деветнаест година), док ће и Марко женити сестрића, удавати сестру, па и свог нејаког сина, због чега ће га снаха клети („Проклет да је, отет да је, / Жене ли се дете у пелени").[261] Женидбе се, према законитостима свадбеног ритуала, карактеришу и мотивима играња кола (на Марковој свадби чак и виле играју коло), сватовског певања (кроз гору), једења, пијења вина и ракије (мотиви свадбених светковина присутни су и у многим еповима: Сид Бојовник ће прослављати удају својих кћери, док се слични описи наводе и при женидби нибелуншких и финских јунака, у Песми о Нибелунзима и Калевали).

Мајка ће саветовати Марка да са собом у сватове (просидбу) поведе свога побратима Алију Ђерзелеза ("Кој' с' не боји никога до Бога"), па да с њиме и отме кћерку бечкога "ћесара", коју ће након Маркове просидбе на силу за љубу узети ердељски бан. Јунак се повинује мајчиној вољи и пре одлуке о отмици, односно повраћању девојке коју је испросио, вратиће се у „своје дворе" (Прилеп), како би се наново посаветовао с мајком. Паралелно овој ситуацији, и Алија ће (у истом примеру) уважавати савете своје мајке, како да се спреми при поласку побратиму у сватове ("Појаш', сине својега дундула, /А покриј га сиром међедином, / Себе покриј диван-кабаницом, / Да т' не виде лијепе девојке, / Па ти иди побри у сватове.").[262] Мотив Алијиног спремања посебно је назначен, имајући у виду прилику, која је по свом карактеру свечана, и која је у супротности са начином на који ће се он оденути. Реч је о веровању да се јунак оваквим поступком (скривањем или неистицањем правог сопственог физичког идентитета) жели заштитити од злих

---

[261] Вид. песму бр. 32.
[262] Вид. песму бр. 24.

утицаја („урокљивих очију“ и „фаталности“ првог погледа).[263] Мајчин савет је јако значајан и у песмама о женидби других јунака (нпр. Поповића Стојана, или Ђурђа Смедеревца, али и у епу *Калевали* – где ће мајка саветовати јунака Вејнемејнена, између осталог, и где и како да се ожени). Марко ће послушати и савет „ђевојачке мајке“ да из предострожности у сватове не води „туђина“, већ некога из свога рода, јер се може полакомити на невестину лепоту. Јунак ће (мотивисан недостатком браће) позвати за кума млетачког дужда, а за девера побратима Земљића Стјепана, што ће за последицу имати спремање њихове заједничке подвале, а као расплет – откривање неверства и издаје, а и Марков обрачун с њима.[264]

Позивање у сватове (просидбу или женидбу) представља упућивање писама („књига“) које јунак, послушавши некога од саветодаваца, шаље „на све четири стране“, уз јасно прецизирање функција, чиме се уобличавају каталози на основу принципа епског чувења, статуса и заслуга. У Марковим сватовима наћи ће се: *Реља од Пазара, Милош од Поцерја, браћа Јакшићи, Змај десйой Вук,* па и калуђер *Ийуман Сава;* муслимански јунаци *Алија Ђерзелез, Белил-айа; млейачки дужд, Земљић Сйјейан.* Марко ће водити само једног свата, или неколико стотина, па и њих хиљаду по своју невесту. Окумиће, између осталог, *Рељу од Пазара,* за девере узети *браћу Јакшиће,* док ће Марко ићи у сватове *„Реље Шесйокриле“, Злайанића Павла, Црнојевића Ива, Сибињанина Јанка, Пойовића Сйојана, Ђурђа Смедеревца, будимскоī краља, десйойа Лазара.* Марко ће најчешће имати улогу девера или кума (девер „Рељи Шесйокрили“, Црнојевићу Иву, Сйојану Пойовићу,

---

[263] О оваквој врсти заштите, као и апотропејској улози одеће, подераном и лошем оделу које је специфичан вид одбране од злих магијских утицаја, писао је Тихомир Ђорђевић (вид. Тихомир Ђорђевић, *Белешке о нашој народној йоезији,* као и *Порекло накийа и одела*).

[264] Вид. песму бр. 25.

Сибињанину Јанку; док ће кум бити *девојци* која га је одбила као просца, затим јунацима *Сибињанину Јанку, Злашанићу Павлу, будимском краљу, десйойу Лазару*).[265] Марка позивају не само на свадбено већ и крштено кумство: *Сибињанин Јанко*, да му крсти синове, али и *Радул* (уз елементе смишљене подвале) како би намамио јунака у своје „дворе" и покушао да га погуби.

Полазак сватова може се посматрати на основу амбивалентности функција с обзиром на два циљна одредишта: полазак из младожењиних у девојчине (невестине) „дворе" и полазак (односно повратак) из њеног дома, заједно са невестом, наново у младожењин дом. Сватове дочекује у своме дому младожења. Уколико он не полази са њима по невесту, одређује се девер као „заточник" (најчешће је у песмама о женидби других јунака то Марко), док у девојчином дому сватове дочекује њена родбина (отац или мајка). Овај мотив у непосредној је вези са функцијама пијења (а у неколиким примерима и даривања).

Мотив даривања јунака темељи се на извесним реципрочним елементима, у односу на функцију коју јунак има у сватовима. Зато ће Марку, у улози девера, који треба да сачува невесту Сибињанина Јанка, девојчина мајка даривати, пре поласка, „вранца од мејдана" и „јабуку од злата", док ће му „ђорда" бити обећана, након извршених обавеза.[266] Млетачки краљ, невестин отац, деверу Марку дарује „сабљу оковану" (или „тешку топузину"), као што ће га и младожења „Рељa Шестокрила" наоружати „со светлно оружје". С обзиром да се јунак у сватовима најчешће дарује основним атрибутима – оружјем и коњем, то ће указивати и на мотивацијске односе између дара и функције, јер се

---

[265] Функција кума у српским свадбеним обичајима посебно је значајна. Он је „глава сватовима", сви га морају слушати и покоравати му се (вид. Никола Беговић, *Живой Срба ірaничара*, 164).

[266] И Марковог девера ће на исти начин задужити девојчин отац краљ „Шишманин", дарујући му такође „коњица", како би сачувао прелепу Маркову невесту и одвео је његовим „дворима".

Марко управо добијеним оружјем и обрачунава са противницима који пресрећу сватове, представљајући опасност и по њих и по невесту. Може се сачинити регистар свадбених поклона којима се, поред наведених основних атрибута, јунаци дарују: делови опреме или естетска ритерска обележја („калпак", „б'јело перје", сребрна „челенка"), одевни елементи („коласта аздија", „кошуља од злата", „златна марама"), различити симболички или ритуално-обредни предмети („златна јабука", „бошчалук", „јаглук", злата „синија") итд.

Сватове ишчекује извршење одређених задатака, или превладавање препрека (на путу према младожењиним „дворима" сусрет са отимачем дарова или невесте). То је вид провере који се намеће пред јунаке (младожењу, или његове „заточнике", сватове), који је као универзални елемент процеса иницијације у модификованом смислу присутан и у другим жанровима.[267] Од сватова Ђурђа Смедеревца тражи се да изврше низ типичних задатака (мегдан са Латинима, прескакање коња и витеза, стрељање јабуке на кули), што ће чувени српски јунаци успешно обавити да би дошли до Јерине девојке, не знајући за подвалу која им се припрема.[268] Поступак извршавања задатака у овој песми сличан је поступку у „Женидби Душановој",[269] с том разликом што последњи у низу (препознавање невесте) изостаје, из разлога што ће љутитом Марку досадити одгађање тренутка њеног одвођења, те ће уз Грујичину помоћ (али и девојке) приморати дубровачког краља да отвори капије града, након чега ће га погубити.

Јунаке Поповића Стојана пресреће „џин од Латина", док ће сватове „Реље Шестокриле", Црнојевића Ива, Си-

---

[267] Провера као својеврсни вид обреда иницијације има врло битну улогу у миту, представљајући моменат преласка у свет „посвећених", што укључује између осталог и проверу физичке издржљивости (вид. Е.М. Meletinski, *Poetika mita*, 230). На проверу као битну функцију у сижеу бајке указао је и Владимир Проп (вид. Vladimir Prop, *Morfologija bajke*, 84).

[268] Вид. песму бр. 30.

[269] Вид. песму „Женидба Душанова" (Караџић, СД, V, бр. 28).

бињанина Јанка, при проласку кроз гору, нападати змај („дзверетина"), чиме се утврђују митолошке представе о змају-љубавнику, односно отимачу жена (невести, девојака). Основни мотиви у вези са пресретањем сватова су страх и бекство јунака пред овим натприродним бићима која су, истовремено, и крадљивци свадбених дарова. Марко ће као девер успети да сачува невесту, обрачунавајући се са чудесним противницима, показујући једини изузетну храброст, хитрост, и сналажљивост. У обрачуну са „џином од Латина", Марко ће искористити његову наивност и лакомост, пошавши да га, тобож, дарује добијеним оружјем (што представља један од типичних начина преваре, у овом контексту), а потом га и погубити.[270] Марко успева и да поврати дарове, наново искупи побегле сватове,[271] док ће га невеста Црнојевића Ива благосиљати због испољене храбрости и јунаштва („Мол'те бога, господо сватови, / за љепоте Црнојевић Ива / за јунаштва Краљевића Марка, / а не бисте ни главе изнели / а камоли дјевојку одвели").[272]

Међутим, и Марко ће пресретати сватове других јунака и отимати им невесте.[273] Такви поступци мотивишу се функцијом ослобађања цареве кћери од Арапина који је на силу узима за жену, или поврађањем девојке. Јунакови обрачуни са сватовима биће подстакнути и увредом мајке Златанића Павла, када ће Марко и његов побратим Белил-ага не само погубити многобројне Златанићеве званице већ и његову мајку казнити на најсуровији начин.[274] Јунак ће се обрачунавати и са својим сватовима – неверним кумом и девером. Опчињен девојачком лепотом, Марков кум, млетачки дужд, тражиће од девера Земљића Стјепана да му допусти да обљуби Маркову невесту. Придобиће га ду-

---

[270] Вид. песму бр. 29.
[271] Вид. песму бр. 4.
[272] Вид. песму бр. 28.
[273] Мотив отимања девојке присутан је и у *Калевали*, када јунак Леникајнен отима Деву Килику.
[274] Вид. песму бр. 27.

катима које ће му дати за ову услугу, а Маркову невесту бескрупулозно ће наговарати на обљубу.[275] „Бугарка ђевојка“ га одбија, позивајући се на новоуспостављене „духовносродствене“ односе (њихов кодекс и табуе), док ће је он разуверавати хиперболисаним елементима сопствене љубавне биографије, карактеришући при том своју аморалну природу („Ој не лудуј, моја мила кумо! / Ја сам до сад девет обљубио, / Кумо моја! кума крштенијех, / А вјенчане двадест и четири; / Ни једном се земља не провали, / Нит' се небо више нас проломи; / Већ ти сједи, да се милујемо“).[276] До обљубе неће доћи, захваљујући девојчиној смерности, мудрости и досетљивоти. Расплет је готово новелистички – девојка ће преварити дужда да обрије браду, што ће представљати пред Марком материјални знак његових нечасних намера, али и мотивацију за Марков обрачун с неверним кумом и девером. Истовремено, целокупни сиже овог записа указује и на елементе карактеризације ликова који се у песмама са српског подручја приписују личностима западних етничких територија. Оваква негативна конотација опште је место наше усмене традиције (представа о „Латинима“ као нечасним људима и варалицама), што је присутно и у другим жанровима, али и у уметничкој књижевности насталој на транспозицији традиције (нпр. у делима Стефана Митрова Љубише, Петра Петровића Његоша, па и у савременој српској књижевности, у роману *Опсада цркве Св. Спаса* Горана Петровића).

Марко ће се, као и други јунаци, враћати у своје дворе доводећи невесту и сватове. Ако се сиже песама развија према већ утврђеним законитостима тематско-мотивске шеме, а реализација јунакове женидбе представља крајњи сегмент, онда ће мотив повратка представљати вид фор-

---

[275] Прељуба у духовном сродству (у овом случају кумство) сматра се, у нашем народу, већим грехом но када је у питању крвно или брачно сродство (вид. Тихомир Ђорђевић, *Белешке о нашој народној поезији*, 154).

[276] Вид. песму бр. 25.

мулних завршетака песама („Подиже се кита и сватови, / Здрав' одоше бијелу Прилипу"). Међутим, уколико се јавља функција откривања идентитета невесте, односно установљење родовских веза између ње и Марка, расплет добија сасвим другачији ток, дограђујући се мотивима Марковог даривања своје несуђене невесте побратиму (који одводи и сватове), или Марковог поновног поласка да тражи себи девојку.[277] Аналогно тематско-мотивској структури песама са мотивом Маркове женидбе и проналажењем сестре, може се сматрати и сиже песме у којој Марко продаје своју љубу непознатом јунаку, како би повратио дуг у „мејани". Јунак који је купује („црна гуњетина") полази са Марковом љубом у „белу Грачаницу" да би се тамо венчао с њом. Као и у примерима о Марковој женидби сестром, птице откривају могућност родоскрвнућа, а необичне појаве (свеће се гасе, тамјан не мирише), подстичу калуђере да провере невестин идентитет. Она се открива, јунак је препознаје по белегу на телу, и испоставља се да су брат и сестра. Јунак враћа своју сестру Марку, поклањајући му новац који му је дао, како би повратио свој дуг, уз напомену да никада више не продаје своју жену.[278]

Марковом љубом жени се и Мина од Костура (Михна Коштуранин, Беле Костурчето), јунак који му је похарао дворе и заробио жену.[279] У неколиким варијантама песама, Марко ће се прерушити у калуђера,[280] како би се домогао противникових „двора", осветио се и повратио своју

---

[277] Вид. песме бр. 21 и 20.

[278] Вид. песму бр. 50.

[279] Ове поступке Проп обједињује функцијом „наношења штете" која има врло важну позицију у композиционој структури заплета бајке, о чему је претходно писао и Виктор Шкловски, један од најзначајнијих представника руске формалистичке школе, бавећи се такође проблемима природе прозног стваралаштва (вид. Татјана Филиповић-Радулашки, *Нав. дело*, 34). Истовремено, и у епској поезији мотиви харања и заробљавања (уколико, као у овом примеру, представљају део заплета) мотивишу акцију јунака и тежњу ка разрешењу проблема и поновном успостављању нарушеног поретка.

[280] Мотиву прерушавања претходи Марков одлазак у Свету гору.

љубу.[281] Уочљиво је да се у примеру из збирке Марка Цепенкова мотив женидбе Марковом љубом наводи као иницијални моменат заплета, док се у варијанти из Богишићеве збирке ова функција експлицитно и не наводи.[282]

Међутим, најнеобичнија варијанта је из Караџићеве збирке, у којој ће Марко бити у прилици да као калуђер, на Минин захтев, венчава јунака својом женом („Узе књигу Краљевићу Марко, / Књигу узе, те Мину вјенчава, / Да са киме, већ са својом љубом").[283] Комична ситуација доживљава кулминацију када Марко жели да заигра на Минином весељу („ситно калуђерски"), али на начин који је потпуно парадоксалан назначеном („Скочи Марко на ноге лагане, / Обрну се и два и три пута, / Сав се чардак из темеља тресе"). Расплет ове ситуације је у Марковој превари и обрачуну са Мином, након чега ће уследити харање противникових двора и отимање блага.

Посебно се истиче Маркова женидба вилом. Овај моменат је јако битан за уобличавање јунакове епске биографије. Схваћен као успостављање брачне везе између човека и женских митолошких бића овај мотив има свој интернационални карактер, означен у науци појмом „Мелузине".[284]

---

[281] Сличан сиже о заробљавању (отмици) жене присутан је и у немачкој поеми о јунаку Волфдитриху (заробљавање, Волфдитрихово прерушавање у ходочасника, обрачун са противником Дразианом, харање његових двора), као и у песмама о Дигенису Акрити и његовој жени.

[282] Упор. песме бр. 46 и 116.

[283] Вид. песму бр. 115. Мотив који је у науци формулисан и као „муж на свадби своје жене" постоји у многобројним примерима у књижевности (нпр. у нашој епици овај мотив везује се за јунака Јанковић Стојана, или у античкој књижевности за Одисеја, као и у источњачким еповима за лик индуског краља Нала који ће се прерушен појавити на свадби своје жене Дамајанте). О овом кругу песама и варијаната детаљно је писао Радосав Меденица (вид. Радосав Меденица, *Муж на свадби своје жене*, 86).

[284] Мотив женидбе с натприродним бићем тотемистичког је порекла, познат у арапским бајкама, грчкој митологији, готово у свим традицијама истока и запада (вид. Radmila Pešić, Nada Milošević-Đorđević, *Narodna književnost*, 266).

Марко ће своју „невесту вилу" „уловити" у гори, угледавши је како води коло. Јунаково емотивно стање изражено је лирским паралелизмом („Kad je vidi Kraljeviću Marko, / U njemu je srce poigralo / Kako utva vodi na studenoj").[285]

Марко ће „уловити" вилу уз помоћ сокола који ће му добавити њено окриље, чиме ће овладати моћима виле Наданојле, и повести је у своје „дворе". На основу веровања, утканих у наша народна предања, може се тврдити да се вилина натприродна својства налазе у њеном окриљу, јер када неко дође у њихов посед, стиче „пуну власт над њом".[286] Један од кључних мотива је вилин савет да пред другима не открива њен прави идентитет, што ће Марко пренебрегнути и прекршити табу, хвалећи се другим јунацима женидбом вилом, као и стеченим потомством са њом. Три су основна чиниоца која су битна, у овом смислу: женидба вилом која се експлицитно наводи (без елемената специфичних за сижејне шеме о женидби јунака), затим добијање потомства с вилом и, на крају, очување „брачне" везе с овим митолошким бићем.[287] Марков брак с вилом указује на потребу да се изузетном јунаку придају и посебна својства, која ће га издвајати од осталих људи, уводећи га у свет натприродних сила и божанстава, док основну мотивацију представља рађање потомства којем се обезбеђују чудесни потенцијали и моћи.[288] Оно што је карактери-

---

[285]Вид. песму бр. 26.

[286] Слободан Зечевић, *Митска бића српских предања*, 46. Постоји у овом смислу сличност између наших вила и скандинавских митских божанстава *валкира*. Јунаци који би *валкирама* одузели њихову одећу од перја могли би овладати овим бићима.

[287] Уобичајени композициони облик песама о женидби вилом обухвата и мотиве поласка у лов, као и безуспешног лова, након чега ће јунак уз помоћ животиња (сокола) „уловити" вилу (задобивши њено окриље). Потом, следи рађање потомства, повраћање вилинског окриља од јунака преваром и одлазак виле, при чему се она обавезује да ће бринути о потомству.

[288] У песмама са јужнословенског подручја, поред Марка и Вукашина, и Старина Новак се жени вилом, а из те везе се рађа његов син Грујица (вид. Богишић, песма бр. 39).

стично за Маркову епску судбу, и што му обезбеђује посебан статус, очитује се у његовој умешности да трајно очува „брак“ са овим натприродним бићем („Pa se Marko s vilom pomirio, / Š njom živio mnogo godinica, / Smrt nemila dok ih rastavila“).[289]

6.1. Љуба

У нашој науци и није пуно пажње посвећивано Марковом односу према женама, или су се та тумачења сводила више на ужи круг песама и извора, потенцирајући увек исте проблеме. Немали број истраживача бавио се покушајем утврђивања историјских елемената или употпуњавањем Маркове историјске биографије (која је доста оскудна, није сачувана ниједна његова повеља), на основу песама и записа који у свој фокус узимају Марков брачни живот. Као најпознатији примери истицане су варијанте песама о Марку и Мини од Костура (као и извори који су у директној вези са бојевима око Костура), али и оне претпоставке које подразумевају превасходно Марков однос према жени, или њене карактеролошке особине.[290] Један од извора казује о неморалном карактеру и издаји Маркове жене Јелене јер је, наводно, град Костур, који је држао Марко, у његовом одсуству предала Балши Балшићу, отишавши са њим и напустивши свог мужа. Марко је, потом, уз помоћ Турака по-

---

[289] Види песму бр. 26. Бранислав Крстић истиче да је ово карактеристично једино за Марка, и да измирење и вечни брак с вилом настаје под утицајем народних приповедака, у којима ова могућност постоји, али и због значаја који се придаје Марковом епском лику (вид. Бранислав Крстић, *Женидба човека вилом*, 118).

[290] Мавро Орбин, а затим и Константин Јиречек, сматрао је да ови бојеви представљају најстарије слојеве песама о Марку, док је Никола Банашевић, критикујући ову тезу, доводио у сумњу било какву везу између ових песама и стварних историјских догађаја (вид. Н. Банашевић, *О историјској подлози песама о Марку и његовој жени*, 352–359).

кушавао да поврати град, али није у томе успео.[291] Како се сматра, нешто ранији извор говори, пак, о неморалном Марковом карактеру, па и о његовом тасту Радославу Хлапену којем он, вративши на двор његову кћерку Јелену с којом је био раскунуо брачну везу, шаље своју љубавницу Тодору, кћер некога Гргура.[292]

Чињеница је, међутим, да су доста непоуздана тумачења и подаци у вези са Костуром, који се доводи и у везу са Марковом женом Јеленом, али посве је сигурно, како савремена историјска наука тврди, да је Марко овај град, као и многе друге, изгубио.[293] Потпуно су контроверзне представе о Марку и његовој жени Јелени, но закључак који би се могао извести, на основу назначених извора, наводи на помисао да њихови брачни односи ипак нису били најбољи. У прилог томе говори и народна усмена традиција, осликавајући такође на сличан начин не само Маркове већ и поступке његове љубе, при чему се пре може инсистирати на тематско-мотивској сложености и разнородности, но на прецизним карактеролошким елементима ликова и њиховог брачног живота. Имајући на уму законитости усмене епике, која контаминује комплекс универзалних тема и мотива, лик Маркове жене ваља тумачити као сложену и слојевиту синтезу функција и обележја која почивају на етички амбивалентним чиниоцима (верност/неверност), што ће представљати суштинску мотивациону везу са Марковим поступцима.

Име Маркове жене у народним песмама помиње се синтагматски и хипокористично, она је *Јелица љуба* (или модификовано – *Јела, Јеле*), али и *Анђелија (Анђелина, Анђе-*

---

[291] Мавро Орбин, *Краљевство Словена*, 68. На основу ових историјских претпоставки, Драгутин Костић говори о сличности са млетачким племићем, Марком Барбадигом, Марковим савремеником, који због издаје своје жене губи град Кроју (у Албанији), не могавши ни уз највеће напоре да га поврати (вид. Драгутин Костић, *Марко Барбадиго и наш епски Марко*, 62–67).

[292] *Стари српски записи и натписи*, 73.

[293] Вид. *Историја српског народа*, друга књига, 465.

лина), као и *Наданојла* (Маркова „вила љубовца“). Веоме су честе и одредбе општег типа којима се указује на губљење њеног номиналног идентитета, а истиче однос припадности (*Краљевића љуба, Маркова љуба, Марковото љубне, Маркулова јуба*), па све до потпуног преименовања (нпр. *Марковица*). У делокруг функција Маркове љубе улази низ поступака. Она ће спремати Марка (чак и његовог коња) за полазак; помагати му да се ослободи (прерушавајући се), спасавати га у невољи (од чудесних бића); хвалити и уздизати његово јунаштво; откривати својом досетљивошћу и мудрошћу превару; певати на његов наговор кроз гору; пити заједно са њим вино; рађати му потомство; дочекивати га при повратку; али и чинити неверство, безочно му откривајући сопствене љубавнике итд.

У неколиким записима Маркова љуба одликује се смерношћу, верношћу, посебном бригом за породицу, и љубављу према своме мужу. Ово је нарочито присутно у сижеима песама са мотивима Марковог поласка у цареву војску (његовог непрепознавања при повратку) и јунаковог кушања верности љубе. У једном примеру из Караџићеве рукописне збирке,[294] Марко ће се пред полазак у војну опраштати са својом женом, саветујући је како да се понаша у његовом одсуству (уколико се он не врати након девет година и четири месеца, може да се преуда, да му пази мајку и „нејаког“ брата).[295] У позитивно испуњење постављених услова, Марко ће се уверити из дијалога са својим братом Милошем (који га као и љуба не препознаје), након чега ће ипак уследити и својеврсни вид провере њене верности. У запису из збирке Николе Т. Кашиковића, љуба чезне за Марком и заједничким потомством, што је назначено лирским паралелизмом („Нема земља рода без сунашца, / Ни

---

[294] Вид. песму бр. 51.
[295] Мотив је присутан и у *Илијади* (Хекторово опраштање са Андромахом пред полазак у одсудни бој), *Одисеји* (Одисејево с Пенелопом), или у *Песми о Сиду* (Сид се опрашта са женом пред одлазак у прогонство).

116

љубовца без свог господара"). Оставши одмах након вен-
чања сама (дванаест година без мужа), она се исповеда ка-
луђеру (прерушеном Марку), који ће покушавати да је
обљуби. Кушајући на овај начин своју љубу и уверивши се
у њену верност, Марко ће у новелистичком расплету ове
ситуације открити свој прави идентитет, након чега следи
излив њених осећања („Кад познала љуба господара, /
Склопила му руке око врата, / А сузама њедра натопи-
ла").[296]

Захваљујући својој жени Марко ће успети да сачува
„образ", али и да се ослободи из руку Накић-Ибрахима, с ко-
јим се опкладио у њену верност и мудрост. Љуба ће осујети-
ти Ибрахимову намеру да је обљуби, преваривши га на тај
начин што ће у постељу послати „Росанду робињу", а мате-
ријалним доказом (својом неодрезаном плетеницом) спаси-
ти Марка у тренутку пред погубљење.[297] Тематско-мотив-
ска основа ове песме садржи све елементе новелистичког
сижеа (опклада у верност жене, превара јунака, преруша-
вање јунакиње, материјални доказ о верности, добијање оп-
кладе).[298] Љуба ће помоћи Марку да добије опкладу и са
Арапима, који желе да је одведу са собом и похарају „дво-
ре", успевши да их наговори да сачекају његов повратак, као
праведно испуњење постављених услова. Тиме ће сачувати и
себе и „дворе" од зулумћара, да би на крају одговорила и
свог мужа од обрачуна са јунацима који су испод његовог еп-
ског реномеа („- Да стој, Марко, първни любовниче, / ти си,
Марко, море, фногу вреден юнак, / затова си, Марко, фногу
вреден! – / Махнаа се цьрните арапи").[299] Љуба ће, попут

---

[296] Вид. песму бр. 52.
[297] Вид. песму бр. 54.
[298] Ово указује на сличност са прозном традицијом, од античких
митова до Бокачових новела, али за песме је карактеристично да је
љуба активни протагонист јер својом мудрошћу, досетљивошћу по-
стаје стварни Марков помагач, носилац радње који утиче и на разре-
шење заплета (вид. Мирјана Дрндарски, *Депитизација лика Марка
Краљевића у далматинској усменој поезији*, 136–138).
[299] Вид. песму бр. 55.

Маркове сестре, ослободити јунака и од чудесног лика змије (преображене св. Недеље), али и из руку горских хајдука, преузимајући на себе функцију јунака са свим Марковим обележјима (обрачунавајући се као и он са већим бројем противника).

Марко ће имати и порода. Иако историјски подаци не наводе постојање његових потомака, у народној усменој поезији (у данашњој Македонији, Бугарској, па и у Далмацији) помињу се одређена формулна имена („Огњан", или „Секула детенце").[300] Марков наследник ће бити по јуначким својствима сличан оцу, иако дете, пиће вино, једини ће уз Марка моћи да извуче сабљу из корица, што указује на тежњу да се и јунаковом потомству морају обезбедити изузетна епска обележја.[301] У којој мери је битан пород за јунака и очување потомства, указује један пример записан у Боки Которској (или дубровачкој околини), у којем ће Марко наговарати свога брата да му убије љубу, јер нема са њом порода. Потом ће запросити „Шеверку девојку", а убрзо је вратити заједно са сватовима, како се не би посумњало да је девојка „обљубљена". Овакав јунаков поступак и расплет биће мотивисан, у међувремену, љубиним рађањем „чеда".[302]

Веома важан моменат у карактеризацији Маркове жене односи се на сижее песама о њеним почињеним љубавним неверствима, или издајству. Она ће починити прељубу с Дуком Сенковићем, Сењанином Иваном, младим трговцима, златарима, кирицијама; преудаће се за Белета Костурчета, помоћи на мегдану Малети хајдуку у борби с Марком итд.[303]

---

[300] У једној бугарској песми „Секула детенце" помиње се и као Марков унук (вид. песму бр. 147).

[301] Сличан однос је у иранском епу између Рустема и његовог сина Сухраба који наслеђује очева јуначка својства.

[302] Вид. песму бр. 49.

[303] Најчешће име љубавника Маркове жене је Дука Сенковић. Ово је стајаће име у нашој традицији које се везује за безазорног прељубника, блудника и грешника (вид. Radmila Pešić – Nada Milošević-Đorđević, *Narodna književnost*, 64).

У неколиким примерима, за време Марковог одсуства (одлазак у војску, или набавку оружја), она чини прељубу примајући јунака у своје „дворе“. Мотивација оваквих поступака често није наведена и треба је тражити у специфично тенденциозном обликовању љубиног неморалног карактера. Марко ће чак присуствовати и љубавним сценама своје жене („Три њу пута Дука пољубио / од својега двора до Маркова, / а све гледа Краљевићу Марко“).[304]

Марко никад не открива први неверство своје љубе, то чине његова мајка, сестра, па чак и птица („тица попевача“). Често ће јунаци (љубавници) и даривати Маркову љубу – у једној песми из Белокрањске, јунак Сењанин Иван ће јој поклонити птицу, златну огрлицу, прстен,[305] при чему је утрајање ове функције присутно и у једном запису из малешевске околине („широки фустање“, „два чивта павти“, „благо вино“).[306] Најтипичнији пример, међутим, љубиног издајства опеван је у песми о Марку Краљевићу и Малети хајдуку.[307] Пролазећи кроз гору, љуба ће на Марков наговор запевати, што ће чути Малета са својим хајдуцима. Кад буде дошло до мегдана између јунака, Анђелија ће отргнути Маркову „ћорду“ и покушати њоме да посече свог мужа.[308] У неким записима песама о женином неверству или издаји постоји и извесна мотивација у вези са њеним неморалним поступцима, јер ће они бити проузроковани (на директан или индиректан начин) Марковим односом према њој. Он ће се наљутити на своју жену (јер му служи

---

[304] Вид. песму бр. 43.

[305] Вид. песму бр. 42.

[306] Вид. песму бр. 47.

[307] Вид. песму бр. 45.

[308] Сличан мотив присутан је и у песми о Бановић Страхињи чија љуба такође помаже његовом противнику на мегдану (вид. песму „Бановић Страхиња“, Караџић, СД, V, бр. 43). У нашој епској поезији поред Маркове и Страхињине жене, неверне су и жене војводе Момчила, Грујице хајдука итд. О неверству у усменој традицији и великом броју варијаната писао је Радосав Меденица (вид. Радосав Меденица, *Бановић Страхиња у кругу варијаната и тема о невери жене у народној епици*).

полупразну чашу) и пронаћи разлог да напусти „дворе“, нашта ће га љуба условити преудајом, уколико се не врати у
одређеном временском року.[309]

У другом примеру, она ће тајно, пред огледалом, у личном очају и страху пред својим „господаром“, изражавати
лично незадовољство због губитка младалачке лепоте,
окривљујући за то Марка („Огледало, да би не гледало! /
Не би л' моје лице угледала, / Како ми је јадно ублидило /
Све од страшка Краљевића Марка. / Да Бог да га пожелила мајка).[310]

Најупечатљивија црта у Марковом односу према неверној љуби је мотив њеног кажњавања. Овој функцији често
претходи кушање љубе или модификована провера, чиме се
потврђује њено неверство или издаја. Некада је то вечера
коју Марко спрема за господу (јунаке), намерно не позива
јући њенога љубавника, због чега ће она отворено показивати незадовољство; затим разговор између Марка и љубе
којим он жели да утврди истину (најчешће, њена очигледна
лаж, или одговор изнуђен под необичним и комичним околностима); постављање одређеног услова који она не испуни
(нпр. да испоштује утврђени временски интервал, а да се након тог истека преуда), или могућност избора који јој се
пружа (да помогне Марку или његовом противнику на мегдану). Функција кажњавања представља завршну ситуаци
ју у композиционој структури песама, с тим што може бити
и основ за развијање епизоде, а у краћим записима и сиже
песме.[311] Поред батињања, типични облици кажњавања су и
разни видови трајног физичког озлеђивања (вађење очију),

---

[309] Вид. песму бр. 46.

[310] Вид. песму бр. 48.

[311] Марко своју љубу кажњава, у једном примеру, тукући је буздованом, док ће читава песма представљати комични дијалог између
супружника, у којем се он распитује за њене љубавнике, а она му да
је потврдне одговоре (вид. песму бр. 47). Батињање као начин
кажњавања жене присутан је и у *Песми о Нибелунзима* (и Сигфрид
туче своју жену Кримхилду).

и усмрћивање (најчешће спаљивањем, ређе одсецањем главе, растрзањем коњима о репове) итд.[312]

У песмама у којима овај мотив представља завршни формулни део, Марко ће своју љубу кажњавати тако што ће јој одузети вид („Али љуби очи извадио"),[313] или на знатно суровији начин, запаливши њено тело („Па дохвати неверницу љубу, / Намаза је огњеним катраном, / Запали је од главе да гори").[314] Очито да је начин кажњавања спаљивањем био присутан у нашој традицији, што потврђује и чињеница да се он налази и у правним одредбама средњовековног законодавства, у Душановом законику, предвиђајући могућност извршења казне над онима који се нечасно баве трговачким пословима.[315] Довођење ватре у везу са неверством или издајом, у извесном смислу, представља и вид симболичког пречишћења, јер ватра као „чистилачки" елемент има магијску моћ уништења оностраних, хтоничних сила и демона.[316] Овоме иде у прилог и представа о древном религиозном култу „лустрације" код Римљана који је својеврсни вид „свечаног кајања и чишћења душе и тела", како би се наново стекла наклоност богова.[317]

Развијен опис дат је у запису из Горње Крајине. Сцена кажњавања је централна епизода која би могла представљати одговарајући образац: љубино бежање пред Марком након почињене издаје, њихов дијалог заснован на избору могућности казне (да „свитли" док Марко вечера, или да му „освитла ћорду"), и на крају паљење жениног тела

---

[312] Марко на сличан начин кажњава и сестру, посестриму, охоле и зле девојке и жене, крчмарице. Погледати у том смислу упечатљиве облике кажњавања у песмама бр. 23, 148, 118.

[313] Вид. песму бр. 43.

[314] Вид. песму бр. 44. У нашој епској поезији и јунак Грујица ће исто чинити са својом неверном женом (вид. песму „Невјера љубе Грујичине", Караџић, СД, VI, бр. 7).

[315] Вид. Душанов законик, члан 169.

[316] Вид. Душан Бандић, Народна религија Срба у 100 појмова, 43.

[317] Сима Тројановић, Ватра у обичајима и животу српског народа, 189.

(„прахом и сумпором"). Упечатљивост призора је у постепеном дејству ватре (ширење од косе до дојки), утрајању љубине молбе упућене јунаку (који призор посматра ћутке), као и кулминацином моменту када љуба куне заједничко потомство („Trn'de vatru, Kraljeviću Marko! / Da neizgore b'jele dojke moje, / Koje su ti dva sina hranile: / Obadva ti kuga umorila"). Потоњи мотив представља агенс за Маркову завршну реакцију која асоцира више на обрачуне са јунацима („Kada Marko riči razumio / On poteže britku ćordu svoju, / Ter odsiče nevirnici glavu").[318] Један од најбруталнијих поступака осликан је у песми из Далмације. Марко ће усмртити не само љубу, већ и своје потомство („Pa on uze nože okovane, / Pa on ide ljubi u čardake, / U srce je ljubu udario. / Kako je lahko udario, /Na nožu joj čedo izvadio"). Потом ће окривити мајку, која му је открила „љубино издајство" и тиме условила његову реакцију, износећи пред њу „чедо" на ножу („Evo, majko, zelena jabuka, / Kojoj nisi sazrijati dala").[319] Слични поступци карактеришу Марка и у другим примерима (у песми забележеној у Прилепу, од певача Ристе Прцана), он ће запалити тело своје љубе Анђелије, а потом посећи њено дете из брака са Белетом Костурчетом и нахранити њиме псе и гавранове.[320] Очигледно је да би се могао навести читав регистар Маркових негативних, бруталних и готово морбидних поступака, а у многим ситуацијама и без јасне мотивације (већ је назначено да Марко и мајци одсеца главу, да је братоубица).

На основу изнетих примера могуће је уочити да записи песама у којима се Марку приписују оваква својства потичу са вансрпских подручја, или из оних области где се суочавају различите националне, верске, па и социјалне гру-

[318] Вид. песму бр. 45.
[319] Вид. песму бр. 48.
[320] Вид. песму бр. 47. Марко се на овај начин понаша и према другим женским ликовима, када нпр. кажњава своју сестру Јелицу због издаје, али и њено дете, којем пробада копљем срце (пример из збирке Ивана Фране Јукића и Мате Грге Мартића из Босне и Херцеговине), вид. песму бр. 19.

пације, а да су веома ретка у песмама из српских збирки.[321] Међутим, овакве представе нису присутне само у контексту грађења Марковог лика, већ и када је у питању и Маркова љуба, па и сестра. На тај начин се „епски детронизира" национални херој, што условљава читав комплекс етнопсихолошких елемената, нарушавајући традиционалне представе народа којем јунак припада. Стиче се утисак да је, у овим песмама, један од основних карактеролошких елемената Маркове жене склоност ка брачној превари, издаји, емотивна и психолошка непостојаност, насупрот бројним примерима из српских збирки у којима се њен лик уобличава на особинама смерности, поштовању кодекса брачних односа, указујући на развијени култ патријархалног морала у којем је и прецизно дефинисан статус жене. Тиме се мења и Марков однос према љуби, те ће он бити темељен на поштовању и бризи према њој, пружању заштите (ослобађа је из руку отимача и насилника, свети се њеним непријатељима, дарује је благом, покушава да излечи). Наравно да постоји и утицај тематско-мотивских чинилаца интернационалног карактера који се везују за Марка и његову жену (већа отвореност неких средина, или већа затвореност других подручја која су под снажнијим окриљем „колективне" цензуре), што условљава одбир елемената који сачињавају његову епску биографију.

6.2. Девојка

Овај круг песама највише чине лирски записи, или примери који су баладични по свом садржају, као и песме под утицајем прозних жанрова, највише новелистичких сижеа.

---

[321] Оваква „неепска" Маркова обележја специфична су управо за тзв. „лимитрофна подручја" у којима се национални јунак једне заједнице у другој националној заједници претвара у његово наличје и супротност (вид. Ненад Љубинковић, *Краљевић Марко – историја, мит, легенда*, 184).

У њима се на најнепосреднији начин откривају Маркове склоности према женама, специфичности његових осећања и поступака, љубавне авантуре, еротске симболичке асоцијације у контексту традиционалних представа, комичне згоде.

Мотив даривања представља веома важан чинилац у односима између јунака и девојке (жене). У једној краћој лирској песми из Караџићеве збирке, „Новкиња ђевојка" дарује Марку наранџу, на шта ће јој он заузврат послати коња и јунака. Девојка ће бити изузетно захвална Марку који, за разлику од млетачкога дужда и цара, једини „знаде, што је за ђевојку."[322]

Цареве кћери ће јунаку поклонити накит, птицу („птицу папагало"), док ће он у другој варијанти, на исти начин, даривати љубу Иванову. Марку ће поклонити и девојку („мому дренополку"), како би га се „отарасили" и умолили да напусти „хубаво Дренополе", док ће му и пашиница даривати своју „робињицу" која је јунаку „запала за око" (касније се открива да му је то сестра Манда).[323]

Према Марку ће многе девојке показивати симпатију. Он ће кушати, али понекад и одбијати њихову наклоност и љубав (најчешће из потребе за очувањем верског, националног, али и сопственог епског идентитета). Прерушен у калуђера, Марко куша осећања девојке која чезне за његовом „лепотон" и „добротон". Он ће јој исприповедати о својој тобожњој смрти, на шта ће девојка у знак жалости почети да „грди" лице. Јунак ће јој се тек тада открити („Стан', не лудуј гиздава дивојко, / Ево теби твоје сунце жарко / Ево теби Краљевићу Марко").[324] Хуморна и пародијска је представа која је утемељена на парадоксу између

---

[322] Вид. песму бр. 33.

[323] Јунаке често дарују девојком, што је карактеристично за однос међу побратимима, док је овај мотив присутан и у средњовековном роману о Александру (на једном од његових војних освајања дариваће га Амазонкама, чијом је лепотом и вештином био опчињен).

[324] Вид. песму бр. 37.

Маркове карикатуралне појаве и ефеката које она постиже код девојака. Његов кроки (шета по „Бањој Луци" – „На њем ништа од одијела, / Само гаће и кошуља"), представљаће појам дивљења пашине кћери која би му одмах постала љуба, само кад би се јунак хтео потурчити.[325]

Неправедан је Марков поступак према кћери арапског краља, која ће га наговарати да је узме за жену, као услов да га ослободи из очеве тамнице, на шта ће Марко, тобож, и пристати. Карактеристични су неколики моменти у сижејној структури ове песме из Караџићеве збирке: мотив кривог заклињања девојци, обрачун с њом и Марково кајање због почињеног поступка (као искупљење – зидање задужбина).[326]

Специфичност Маркове преваре је у начину на који ће се заклињати девојци, што описује кроз разговор с мајком („Кад се, мати, виђех на невољи, / Скинух капу, метнух на кољено, / Па се кунем капи на кољену"). Капа је, по свој прилици, у српској традицији „могла имати одређену улогу при заклињању, а предмети који се употребљавају при заклетви имају натприродну снагу и особине".[327]

Међутим, очито да у процесу „десакрализације" и култни предмети губе своја магијска обележја, стичући при томе нови карактер. Капа на колену и изречена Маркова заклетва, као поступак негације првобитних значења, добијају пародијска обележја, упућујући превасходно на појмове кривоклетства и вероломства.[328]

Други важан моменат је Марков обрачун с девојком, која га је ослободила из тамнице, из разлога које је тешко

---

[325] Вид. песму бр. 107.

[326] Сличан сиже постоји и у казивањима Деде Коркута, у поглављу о тамновању огуског јунака Бамси Бејрека. И Бејрек ће изневерити обећање дато девојци која га је ослободила из ропства.

[327] Веселин Чајкановић, *О врховном богу у старој српској религији*, 103–104.

[328] На смисао Марковог поступка може се односити и народна пословица: „Скини капу па метни на кољено, те се њој потпрдуј" (Вук Стеф. Караџић, *Српске народне пословице*, бр. 5731).

објаснити, а да се мотивација не потражи у увреженим представама о одбојности према Арапима, и у физичком и естетском смислу („А уза ме Арапка ђевојка, / Загрли ме црнијем рукама, / Кад погледах, моја стара мајко, / Она црна, а бијели зуби, / То се мене мучно учинило, / Ја потегох сабљу оковану, / Ударих је по свилену пасу, / Кроз њу сабља, мати, пролеђела“).[329] Почињено дело представља узрок Марковог кајања, који ће признати „морални пад“ указујући на још један битну функцију у сопственој епској биографији („Ту сам, мати, Богу згријешио, / А велико благо задобио, / Те ја градим млоге задужбине“).[330] Подизање сакралних објеката средњовековних владара познати је мотив у нашој народној поезији (у песми „Свети Саво“ помиње се низ задужбина Немањића).[331] У песмама о Марку Краљевићу ова функција се наводи у неколиким примерима, при чему је њена мотивација заснована најчешће на кајању због почињених нечасних дела и поступака.[332] Међутим, Марко стиче особеност и културно-историјског јунака, сврставајући се у ред стваралаца градитељских и материјалних добара, али и хришћанских мисионара који шире и утемељују верски идентитет сопственог народа.[333]

Марко ће бити окарактерисан и као заводник удатих жена, љубитељ „удовица“, па и као насилник. У неколиким записима његов лик је уобличен у духу јунака средњовековних ритерских романа и епова, или ренесансних дела, као раска-

---

[329] На сличан начин Марко се обрачунава и са јунак-девојкама које га желе за мужа (вид. песме бр. 74 и 75).

[330] Вид. песму бр. 86.

[331] Вид. песму „Свети Саво“ (Караџић, СД, V, бр. 22).

[332] Марко ће погубити свога побратима Арапина у незнању, због чега ће, такође, подићи задужбину. У овом примеру даје се одредиште, као и карактер грађевине („Пред Стамболом пребијелу цркву“), вид. песму бр. 85.

[333] Марко ће у једној бугарској песми изградити чак 70 манастира, не питајући цара ни за дозволу (вид. песму бр. 150). Историјски је познато да је Марко довршио градњу цркве Светог Димитрија (Марков манастир) код Скопља, коју је за започео његов отац краљ Вукашин, као и да је саградио цркву Свете Недеље у Призрену.

лашни витез љубавник. У песми забележеној на Хвару, он ће искористити одсуство јунака Иве и провести с његовом женом три љубавне ноћи. Расплет је потпуно новелистичког карактера, Иве ће открити неверство своје љубе, након чега ће Марку, којег проналази скривеног у сандуку, опростити, а своју жену казнити.[334] У примеру из Буковице, Марко ће се хвалити својим љубавним искуством, заричући се на нову обљубу („Толико сам облюбіо млада / И іош више жена мужетица, / И сувише млади' удовица, – / Али нѣсам Радулове Ане... / А тако се не наніо главе, / Облюбићу Радулову Ану"). До овога неће доћи, јер открива Маркову намеру и, позвавши га наводно на крштено кумство своме сину, спрема и освету. Марка ће из ове ситуације извући Радулова Ана, његова кума, предочивши му опасност.[335] Јунак ће показивати чак и већу наклоност према удовицама но девојкама. Љубивши удовицу „више Сарајева", одговараће комично и сентенциозно девојци која куне због тога Сарајево („Не будали лијепа ђевојко! / Волим злату за мало дерату... / Него сребру изнова ковату").[336] Марко се зариче и да ће обљубити царицу (а цара погубити), што ће, у песми забележеној у Хрватској, насилно и учинити. Он при том одбија цареву понуду (пола краљевства и кћер за жену), не би ли му опростио живот и сачувао „образ" царици („Šta će meni liepa kćerka tvoja, / Dok je meni i carica tvoja! / Sinu sablja, odsječe mu glavu, / I obljubi caricu gospoju").[337] Међутим, због Марка ни девојке, тобож, неће смети пролазити „сокатон", нити ићи на воду, јер их пресреће и љуби. Кратка лирска епизода казује о Марковом сусрету са Ајкуном девојком (пародирањем епских ситуација сусрета јунака, јер се она не

---

[334] Вид. песму бр. 41. У варијанти из Белокрањске, улоге ће се само променити, у улози љубавника биће Сењанин Иван, док ће преварени муж бити Марко (вид. песму бр. 42).

[335] Вид. песму бр. 40.

[336] Вид. песму бр. 39.

[337] Вид. песму бр. 89. Марко показује насилничке склоности и према женама других противника, отимајући им накит, физички их озлеђујући (вид. песме бр. 59 и 60).

хтеде Марку уклонити с пута), и духовитој љубавној згоди (додиру њихових тела и расипању Ајкине „колајне од злата“). Марко ће искористити прилику да, док сакупљају расуту огрлицу, пољуби Ајку на „стотине“, па и „хиљаду“ пута.[338] Моменат расипања Ајкине огрлице, која у ширем смислу симболизује успостављање односа зависности али и еротских веза, може се тумачити као чинилац поремећаја равнотеже. Међутим, у овом контексту он представља само пародијски елемент, функционалан првенствено као подстицај и мотивација да се истакне и означи јунаково необично и духовито љубавно искуство.

7. МЕГДАН

Мегдани заузимају централно место. Њима се карактерише јунакова изузетност, физичка моћ, вештина, етичност, храброст и домишљатост, као и функционалност његових атрибутских својстава (коњ, оружје). Мегдани везују у сижејној структури песама читаве комплексе тематско-мотивских чинилаца, који указују на основне црте јунакове карактеризације, подразумевајући и читав низ универзалних (интернационалних) и формулних функција. Они најчешће означавају „културну“ мисију јунака, која симболизује борбу добра са злим, победу „соларних“ сила над хтоничним светом мрака.

Марко ће се борити, обрачунавати, наћи на мегдану са противницима „реалног“ и митолошког света, са својим крвним или духовним сродницима, као и са већим бројем јунака истовремено. Најчешћи обрачуни и мегдани су са Турцима (*јаничари, прекоморци, кулоглије, одметници, азнадари, телали и стражари, потурице; хоџе, тевабије, сунеције; аге, бегови, паше, везири*, па и сам *цар*);[339] затим Арапима (*црни и троглави; аге, банови; краљеви; читаве војске*);

---

[338] Вид. песму бр. 38.
[339] Старије песме о Марку не потенцирају толико антитурске борбе (нпр. песме из Богишићеве збирке или *Ерлангенског рукописа*).

Маџарима (*џенерали* и њихове *кашаније, јунак-девојке*); Латинима (*дуждеви, краљеви; џинови*) и Чивутима. Ово указује да се Марко најчешће обрачунава са припадницима других етничких и верских групација, као и са свим социолошким и хијерархијским чиниоцима устројства њиховог епског света, од царева и краљева, преко војних, свештених и цивилних звања до одметника, али и са митским јунацима и чудовиштима, па и члановима своје породице.[340]

Марко се обрачунава с противницима из много разлога: желећи да освети брата, мајку, оца, љубу, друге јунаке; да ослободи побратиме, посестриме, робље, цареву кћер од насилника и отимача; да замени цара на мегдану, обезбеди му победу или освоји град (у духу правих ритерских одличја знаменитих јунака); да сачува свој епски, али и заштити општи национални и верски идентитет; да успостави хармоничност односа у свету, извојује победу над демонским и хтоничним силама које се супротстављају човековим моћима. Марко ће се борити и обрачунавати с противницима у неколиким просторним одредиштима: у гори,[341] у противниковим или својим дворима, или и у крчми. Гора је основни простор епских догађаја, која поред својих симболичких и митолошких својстава (станиште демонских сила) представља и битан чинилац у контексту динамизирања радње, јер мотив јунаковог проласка кроз гору најчешће условљава и иницира даљи развој епских збитија. Она се доводи и у везу са Марковим константним кретањима, поласцима, лутањима, што се потврђује елементарним одређењима јунакове маршруте (од типичног митског и епског амбијента до градског простора, уз повремено навођење топонима).[342] Под истицањем локацијских одреди-

---

[340] Вид. Регистар противника Марка Краљевића у: *Антологија народних песама о Марку Краљевићу*, 564–565.

[341] Уз извесне модификације, нпр. пољу, планини, као и уз допунске одредбе – крај друмова, река, језера, мора.

[342] Марко је „витез луталица" попут многих средњовековних ритера, што у извесном смислу проналази свој архетип у прастаром миту о Ахасферу.

шта, у свести народног ствараоца подразумевају се утицаји разних традиционалних и етничких представа, али и субјективних и искуствених чинилаца.[343]

И „двори“ и крчма, као места обрачуна, могу се посматрати као врста бинарних опозиција у односу на појам горе (кућа/гора).[344] Маркови обрачуни у „дворима“ везују се за сиже песама о заробљавању „љубе“, или њеном неверству, при чему је уочљива симболичка аналогија између жене и дома, као елементима који својим међусобним искључивањем нарушавају равнотежу и хармонију заједничког живота.[345] Заробљавање Маркове љубе („наношење штете“), или њено неверство, чиниоци су рушења породичне хармоније. У првом случају, значењска истоветност потврђује се кроз функције заробљавања и харања „двора“,[346] док се у другој ситуацији сцена обрачуна с

[343] Познато је да је нпр. песму „Марко Краљевић и Филип Маџарин“ Вук Караџић записао од Тешана Подруговића у Срему. У овој песми дат је читав низ топонима који се везују баш за ову област (Марков пролазак кроз Срем, долазак у Сремске Карловце итд.). Занимљива је у том смислу и претпоставка Светозара Матића да су многи примери које је Караџић забележио од Подруговића, па и других певача, настали или научени баш у Срему. Маршрута Слепе Живане, на основу топонима у неколиким песмама о Марку, показује да је она одлазила и у Бугарску, а поводом чега Матић, такође, износи хипотезу да се њен пут подудара са маршрутом „ондашњих аустријских ухода“ и да се и она могла наћи у таквој улози (вид. Светозар Матић, *Нови огледи о нашем народном епу*, 128–129).

[344] Руски научник Никита Толстој, на основу семиотичког система који су установили В. Н. Топоров и В. В. Иванов, утемељеном на општесловенској традицији, издвојио је и бинарне парове који су прилагођени јужнословенском, конкретније српском традиционалном „материјалу“. Међу седамнаест парова опозиција типа *мушки--женски* у овом контексту значајан је онај који се односи на појмове кућа/шума, схваћен као просторна и семантичка супротност (шума или гора као станиште демонских бића/кућа или дом – својеврсна заштита, смањени утицај хтоничних сила), вид. Никита Толстој, *Језик словенске културе*, 116.

[345] У нашој народној традицији ова два појма посматрају се готово као синоними, јер „оженити се у нас има исто значење као и окућити се“ (Др Т. Р. Ђорђевић, *Наш народни живот*, 68).

[346] Вид. песму бр. 115.

љубавником Маркове жене (или поступак кажњавања љубе) смешта у просторе Марковог дома, одакле је жениином невером процес брачне дисхармонизације и иницииран.[347] Треће просторно одредиште мегдана доводи се у везу са појмом крчме, што је у сагласју са Марковом особеношћу и склоношћу ка пијењу. Тиме се означава поступак прилагођавања најелементарнијих функција (као што су борбе и обрачуни) основним локацијским одредбама које су семантички блиске јунаковим својствима.

Марковим мегданима претходи мотив спремања јунака.[348] Ова радња карактерише се неколиким поступцима: јунак опрема само себе, себе и свог коња, или само коња.[349] Основни елементи спремања за мегдан заснивају се на наоружавању, одговарајућем одевању, спремању коња. Значајну улогу имају Маркова атрибутска својства (оружје, одевни елементи, коњ, тулумина с вином). Оружје које Марко са собом носи најчешће је сабља, топуз, али и копље, док се поступак одевања реализује општим предикатским назнакама („он се свлачи, пак се преоблачи“), или особеним одевним предметима („ђурак од курјака“, „капа од курјака“, „мрка јеменија“).[350] Поступак Марковог спремања, начин облачења (с лица/наличја), има посебно симболичко значење упућујући на неке од важних семантичких опозиција.[351]

[347] Вид. песме бр. 43 и 44.

[348] У примерима у којима Марко има улогу царевог заточника, функцији спремања и обрачуна са царевим противником претходи мотив јунаковог опорављања од тамнице.

[349] Упоређујући мотиве опремања у јужнословенској поезији и песмама о Дигенису Акрити са стиховима *Илијаде,* Алберт Лорд је дошао до закључка да у првом случају они представљају некакву врсту „ритуала увођења“, док је у другом то више „посвећивање“ задатку, свесно жртвовање јунака (вид. Albert B. Lord, *Певач прича,* I, 165).

[350] Детаљније о Марковом одевању и његовој функцији вид. у студији Ивана Златковића, *Функционалност одеће и накита као елемента епске карактеризације Марка Краљевића,* 229–254.

[351] Ову бинарну опозицију Толстој сматра важном у митолошком смислу, јер она може бити основ за квалитативну дистинкцију добар/лош (вид. Никита Толстој, *Нав. дело,* 108). Марково „изврртање“

Марко полази на мегдан (обрачун) са противником на царев позив, молбу његове кћери, или побратима (у контексту спасавања или ослобађања); након добијених обавештења о јунаку који се хвали да ће га погубити, или да су му двори похарани, љуба заробљена; на позив и персонификованих небеских тела (Звезде Вечернице), с намером да одмери вештину и снагу са јунаком који је најчешће бољи од њега.

Неки од уобичајених момената у вези са темом мегдана су и вербални поступци ликова, најчешће при сусрету јунака (у песмама са развијенијим епизодама, претходећи сценама борби и обрачуна, али и у дијалогу са женским ликовима, нпр. између Марка и Филипове љубе).[352] Ове функције најчешће се очитују кроз вређања и претње упућене јунаку, што представља и увод у епизоде физичких борби и мегдана.[353] Срсисходност ових мотива заснована је на омаловажавању, иронизирању и пародирању противникових одличја. Функција вређања може се изразити општим и описним назнакама, израченим са становишта самога певача (нпр. јунаци су се „сапсовали"), али су то чешће краћи монолошки или дијалошки сегменти, у којима се означавају психолошко-карактеролошке специфичности (нпр. „манити" Марко), естетске особености (Марко ће Арапинов лик описати као неког кога не би ни „... вране накљувале / Ја камо ли цуре наљубиле"),[354] или омаловажавајућа фи-

---

одеће мотивисано је најпре „епским" ситуацијама (мегдан, одлазак цару на „диван"), чиме се постиже ефекат посебног психолошког дејства на противника. При томе треба имати на уму и апотропејски основ овог поступка, уколико се поимају представе о изврнутој одећи као својеврсној заштити од демонских сила и утицаја (вид. Ш. Кулишић, П.Ж. Петровић, Н. Пантелић, *Српски митолошки речник*, 221).

[352] Вид. песме бр. 59 и 60.

[353] Могућа је и комбинација ових радњи, као и њихово понављање, односно удвајање или и утрајање, при чему се сусрет јунака претвара у увредљиве дијалошке „обрачуне" или „борбу речима" (вид. песму бр. 98).

[354] Вид. песму бр. 98.

зичка и социјална својства (немогућност да се ожени и поведе сватове; недораслост противниковом господству и статусу, његовом јунаштву и моћима). Поступак вређања у директној је спрези са мотивом претње, при чему обе функције добијају наглашена погрдна, експресивна, па и духовита обличја, сједињујући се и са елементима формулног скаредног вокабулара („Краљевићу, прилипско копиле! / Осјећу ти пасју твоју главу“, или „Стани курво Краљевићу Марко, / Да си мене јуче побјегнуо, / Данас би те Ћосо пристигнуо“).[355] Мотив претње најчешће се везује за ситуације при првом сусрету јунака, када се један другоме, услед пренаглашене таштине и изражене потребе за уважавањем, неће уклањати с пута. У таквој прилици јунак ће Марку претити смрћу („Каурине, уклон’ де се спута / Да ја твоју не уцвелим мајку, / Да ти у род не оправим љубу / Без колача и без убрадача / И без кола и без кочијаша“),[356] док ће Марко, у сличној ситуацији, обраћати понајвише пажњу на етичке и хришћанске норме („Море момче уклон’ ми се с пута, / Да ја не вадим сабљу димискију, / Да ја данас не гријешим душе“).[357]

Јунаково зарицање може сликовито дочарати намеру за хиперболизацијом сопствених физичких и атрибутских моћи и вештине, што би требало да оствари посебан ефекат на противника („А тако ми моје вјере тврде! / Потегнућу дизген бедевији, / Седам ћу те пута прескочити, / Седам отуд, а седам одовуд, / Пак ћу онда тебе одсјећ главу“).[358]

Основна Маркова реакција на упућену увреду (или претњу) последица је особеног психолошког и емотивног стања које се очитује кроз изражавање љутње (беса, срџбе). Марко се у таквим приликама обрачунава са противницима на тај начин што ће их сабљом сећи „по среди појаса“ или им одсецати главе. Међутим, јунакови поступ-

---

[355] Вид. песме бр. 98 и 61.
[356] Вид. песму бр. 70.
[357] Вид. песму бр. 72.
[358] Вид. песму бр. 96.

ци, карактеристични у овим ситуацијама, базирају се и на извесним припремним радњама којима се сугестивно осликава лик Марка мегданџије („Самур-калпак на чело намаче, / Те састави самур и обрве“). Марко од срдитости уме чак и да заплаче, а кулминација ће бити исказана формулним поређењима која претходе његовој акцији („Плану Марко као ватра жива“).[359] Јунакова психолошка и емотивна стања на сликовит начин ће се преносити и на његова атрибутска обележја („Добра Шарца врло расрдио, / Из копита жива ватра сева, / Из ноздрва модар пламен лиже; / Срдит Марко језди низ Косово“).[360]

Марко ће се при обрачуну с противником служити досетљивошћу, лукавством и преваром. Тако ће погубити своје сроднике, јунаке боље од себе (сестрића Драгишу војводу, „момче Дукађинче“); јунака који га је заробио, или његову љубу, и похарао му дворе (Бана од Випера, Мину од Костура); хајдуке и одметнике (Малету харамбашу, Мусу Кесеџију), јунак-девојку (Арватку), као и бића митолошког и демонског света (аждају, вилу бродарицу, џина) итд.[361] Марко ће своје противнике варати на неколико типских начина: пре или након мегдана (нпр. прерушавањем као отклањањем могућности да буде препознат;[362] док се пењу на коња; тровањем, одсецањем главе на спавању), за

---

[359] Вид. песму бр. 100.

[360] Вид. песму бр. 97. Срдитост је општа одлика епских јунака. Испуњен срџбом није само Марко, такви су и јунаци других епова и традиција, нпр. Ахил, Херакле, Ареј, Рустем, Гилгамеш, Тор, као и многа друга моћна епска и митска божанства.

[361] Елеазар Мелетински, проучавајући обележја митског начина размишљања, истиче како је у првобитној свести митски херој био истовремено и „трикстер“, тј. јунак варалица. Овај лик, попут Марка, има функцију културног јунака друштва, али се неизбежно служи лукавством и преваром у остваривању својих циљева (вид. Е. М. Meletinski, *Poetika mita*, 191).

[362] Прерушеног Марка други ликови никада не препознају. Иначе, прерушавање је један од древних поступака комичног изражавања, самим тим и комични елемент Маркове карактеризације (вид. Светозар Кољевић, *Наш јуначки еп*, 186).

време борби или мегдана при чему се, у одсудним тренуцима, вербално инсистира на скретању пажње противника, остварујући могућност за завршну акцију и његово погубљење. Духовит је у овом смислу пример Марковог мегдана са Турчином Алијом и његовим јаничарима, о чему ће он приповедати мајци („Кад се мајко виђех у невољи / Ја повиках из грла бијела: / Свака вила по једног Турчина, / А вилове с Марком на Алију. / Преплаши се Туре јаничаре, / Па побјеже што утећи може")[363] као и обрачун са вилом бродарицом („Богом теби, вило загоркињо, / Погледајдер у то ведро небо, / Час је ведро, а час је облачно. / Како она лако погледала, / Још он лакше одсекао главу").[364]

На мегдану Марко има и помагаче, уз чију помоћ једино може надвладати противнике. Њему ће помагати други јунаци (побратими са којима се заједнички бори), виле, а најчешће његов коњ. Посестрима вила ће у одсудном тренутку Марку „добавити" изузетног коња и оружје (сабљу), те ће он успети да се супротстави и обрачуна са царевим „солдатима",[365] посаветоваће га у обрачуну са Мусом Кесеџијом, или открити чудесне противникове особености („Михне Коштуранина" који је „каменит до паса"). Најдиректнији Марков помагач је његов коњ. Он је прави мегданџија, садруг и заштитник свог господара. То се очитује и у именима која се везују за њега („Шарац од мејдана", или „Витезка кобила"), али превасходно у њиховим паралелним поступцима на бојишту („Шарац гази а Марко сиече" или „Шарац бије ногама хатове", а Марко „Турке јаничаре").[366] Слично је и у описима борби у којима посебно место имају и сукоби између коња (...„Ал' не даде Шарац од мејдана, / Већ се попе он на ноге стражње, / И кобилу на

---

[363] Вид. песму бр. 67.
[364] Вид. песму бр. 82.
[365] Вид. песму бр. 5.
[366] О томе казују и стихови песме у којој ће Марко једну противничку војску сам „посећи", а другу Шарцем „погазити" (вид. песму бр. 115).

предње дочека, / И мало је довати зубима, / Те јој уво десно одадрије, / Сва кобила у крви огрезну").[367] Марков коњ се одликује изузетном вештином, он је „бињеција" који ће умети свога господара, а и себе, да одбрани од чудесних противника и њихових моћи, али и саветодавац који упућује Марка где да пронађе оружје у одсудном тренутку (сабљу скривену у његовој гриви).[368]

Значајан мотив је јунаков страх од противника, односно бекство са мегдана пред неким ко је супериорнији („реалним" или чудесним бићем). Марко исказује страх и бежи у свим ситуацијама уколико процени да је противник надмоћнији од њега, у приликама када, на основу сопствених неуспелих покушаја (или побратима), не успева да савлада другог јунака (нпр. пред сестрићем, јунаком Алимандом Ћосом); када је уплашен пред чудесном појавом и моћима бића митског света (џином „Чифутином",[369] вилама, па и Џидовком девојком); уколико је ненаоружан (нпр. пред Ђемом Брђанином); када је принуђен да се супротстави већем броју противника (Турцима при освајању Костура),[370] али и из етичких разлога (пред оцем Вукашином, не желећи да се сукоби с њим).[371] Уобичајено је да се Марко након бекства враћа на мегдан и да, уз помоћ помагача или сам (па и преваром), ипак решава сукоб у своју корист. Нетипичан, али сугестиван пример дат је у стиховима песме о Марку и Љутици Богдану. У комичној, готово пародијској сцени „мегдана без мегдана", страх обојице јунака паралисаће намеру и жељу за обрачуном, док ће њихово психоло-

---

[367] Вид. песму бр. 96.

[368] Сличну улогу има и Александров коњ Дучипал који такође свесрдно помаже свом господару у бојевима и на мегданима.

[369] Марко ће бежати пред џином Чивутином који ће га јурити и без ногу (вид. песму бр. 108).

[370] Вид. песму бр. 110.

[371] Мотив јунаковог бекства карактеристичан је и за обрачун између Александра и индијског цара Пора који ће, видевши да ће Александар однети победу над њим и тиме добити и целу битку, побећи како би спасао сопствени живот.

шко стање при сусрету бити означено паралелизмом (Марко се препаде „како никад није", док под Богданом, „ноге обумреше"). Сцена доживљава своју кулминацију у немом одмеравању снага и међусобном проматрању, а не у динамици епског сукоба („Гледа Марко Љутицу Богдана, / Богдан гледа Краљевића Марка, / А не смије један на другога"). Расплет је вербалног карактера – у договору око размене заробљеника, након чега ће уследити мотив пијења вина, као и опраштања на растанку.[372] И пред Марком бежи велики број јунака, митских и демонских бића, при чему се значај придаје важности противника (епском статусу и чувењу), али и њиховом, најчешће, множинском облику, што посебно истиче јунакову „мегданџијску" умешност, храброст и убојитост. Пред Марком ће бежати Алија Ђерзелез, Мурат везир и његове делије,[373] Турци јаничари, сватови Златанића Павла и црног Арапина, читаве арапске војске, Вуча „џенерал" и његов син Велимир, али и виле које му се супротстављају или чине зло његовим побратимима („нагоркиња", „бјелогорка", „Равијојла").

Маркови противници су на основу функција и мотивације: хвалисави јунаци који се заричу да ће погубити Марка (нпр. *Филип Маџарин*); досетљивци који ће покушати да га преваре, како би се домогли његовог изузетног коња (слуга „*Маријане*"); јунаци који отимају на силу девојке (*сватови ердељскога бана*), као и младожење (*црни Арапин*); насилници, зулумћари, поробљивачи (*Малета хајдук, Алиманда Ћосо, Бан од Випера, Турчин Алија, Мурат везир, Арап-ага, Мина од Костура, Голишан везир, Вуча џенерал*); нечасне убице Маркових сродника (*бег Подунавац, Мустаф-ага, Роша харамбаша*); љубавници његове жене (*Дука Сенковић*); Маркови сродници с којима се он сукобљава при деоби плена (брат *Андријаш*), сестрић, ко-

---

[372] Вид. песму бр. 58.
[373] Сликовито је поређење Муратових делија у бекству пред Марком: „Побјегоше по пољу делије, / Као врапци од копца по трњу" (вид. песму бр. 119).

га убија из јуначке суревњивости (*Драгиша војвода, момче „Дукађинче“*); Маркови неверни побратими (*Земљић Стјепан, Накић Ибрахим*), али и побратими које Марко у незнању убија (*Арапин*); несрећни јунак који личи на Марка, а кога мора погубити како би пред царем заменио сопствену главу (*Трпотић Алија*); цареви противници којима се нико сем Марка не може супротставити (*Муса Кесеџија, „од Приморја Лука“*); цареви поданици (*солдати, хазнадари, стража, телали*), па и сам *цар и његови синови*; као и чудовишна митска бића која људском роду наносе зло (*змај, Арапин, „џин од Латина“*); хтоничне звери у тамницама (*„аждаха“*); поробљивачи вода и извора у гори (*виле бродарице*), уништитељи националних верских и духовних храмова (*„Чифутин“*) и др.

Јунаци као што је Муса Кесеџија, дете Дукатинче, Малета хајдук, поседују хтонична обележја (три, или десет срца, при чему увек на последњем „љута гуја спава“), док је Михна Коштуранин „каменит до паса“.[374] Џинови са којима се Марко обрачунава налик су на јунаке, али другачијих визуелних и физичких карактеристика („џин од Латина“ је „вас у срми и у чистом злату“, а „Чифутин“ толико висок да му Марко не може ни дохватити „ћелаву“ главу). Јунак-девојке (див-девојке) одликују се грандиозном снагом (могу да ишчупају дрво или понесу воденички камен, да поднесу ударце буздована, готово их не осетивши, или чак да носе Марка и његове побратиме под пазухом).[375] Виле бродарице су окарактерисане као женски демони воде уз сва хто-

---

[374] Дете Дукатинче (лик детета-јунака) нпр. може с Марком да пије вино данима и ноћима, да баци камен толико високо да се никад не врати на земљу, или да се, иако га Марко посече преко паса на две половине, бори с њим једном својом половином још три дана и три ноћи (вид. песме бр. 73 и 151).

[375] Сличну ситуацију наводи и Халански, говорећи о томе како див-девојка носи под мишком Свјатогора, Иљу Муромца, Добрињу Никитича (вид. Михаил Халанскій, *Южно-славянскія сказанія о Кралевичѣ Маркѣ въ связи с произведеніями русскаго былеваго эпоса*, 249).

нична атрибутивна одличја (оне јашу „трогоца јелена" ко-
јег зауздавају и шибају „гујама"), наплаћују „водарину" ју-
нацима у гори (тражећи јунакову главу или очи, а ноге од
коња).[376] Арапин је најчешће троглав (из једне главе му
„вихор вјетар пуше", из друге „пламен лиже", из чела „гро-
мови пуцају", а на нос му „љута киша иде"), као и змај („три
главе и шест крилах"), док ће аждаја, која се храни месом
јунака, представљати синоним за „гују" (уз епитете „шаро-
вита", „несита").

Први Маркови обрачуни, као што је назначено, везују
се за период детињства или младићко доба. То су углавном
сукоби са јунацима, али и демонским чудовиштима („дзве-
ретина"), при чему се значајно истиче храброст, хитрост,
сналажљивост, али и начин стицања оружја мегданом. Ти-
пично је да ће се Марко у овим обрачунима користити ра-
зличитим средствима („Шарчева струњица", као и „ка-
мик"), а не убојитим оружјем, што ће појачати утисак о
Марковим првим херојским делима.[377] Карактеристични
су и неки елементи описа у вези са овим мегданима, нпр.
Марко ће се са троглавом звери борити три сата; каменом
ће погодити црнога Арапина, оборивши га са куле, а затим
га његовом сабљом посећи; док ће сукоб са Голишан-визи-
ром, при казивању мајци, добити саркастична и црнохумо-
морна обележја („Ударих га у чело јуначко, / Паде везир у

[376] У сижеима песама о Марку и вили бродарици извршена је кон-
таминација представа о вилама „бродарицама", које наплаћују
„брод" (газ), прелаз преко воде, и вилама „изворкињама", демонским
чуварима вода. Самим тим, извршена је и транспозиција древних ве-
ровања о реци Ахеронту, преко које се уз наплату превозе душе умр-
лих, и представа о кажњавању људи сушом, што је у вези са забраном
коришћења воде (вид. Мирјана Дрндарски, *На вилином вијалишту*,
86–100).

[377] У том смислу, у неколиким примерима, Марко ће употребити
крајње необичне предмете, нпр. на мегдану са Тошчићем Стојаном –
лулу („Како га је лако ударио, / Пуче чело на четир' комада, / Прште
лула у осам комада"), вид. песму бр. 65; док ће се са турским буљуба-
шом обрачунати *женском наушницом* (вид. песму бр. 152).

траву на главу, / Не чудим се, моја мила мајко, / Не чудим се што му чело пуче, / Већ му оба ока искочише").[378]

Марко ће се обрачунати са својим братом Андријашом тако што ће га прво ранити ударцем у срце („Туј си Марко потрже свитлу сабљу позлаћену / И удари Андријаша брајена у срдашце.[379] Побратиму Накић-Ибрахиму отеће сабљу, посекавши потом и све Турке око себе, док ће црног Арапина, који је хтео да га ослободи, у незнању погубити у улози царевог заточника. Овај обрачун карактерише неколико момената: Марко ће му прво „посијећи" руку, а потом главу, након чега ће је као знак и доказ о почињеном делу понети цару на „сараје".[380]

Препознавши мртву главу свога брата Андрије, коју ће хајдуци „преметати" од руке до руке сред крчме, Марко ће посећи шездесет хајдука и њиховог харамбашу Рошу. У варијанти из Милутиновићеве збирке, јунак ће осветити брата тако што ће погубити тридесет Турака („пуну софру меса напунио"), а затим братовљеву главу ставити у „бисаге Шарцу" и понети са собом.[381] На сличан начин Марко свети и оца, посекавши сред горе бега Подунавца и његове сердаре, или обрачунавајући се са Мустаф-агом („Ману сабљом од Прилипа Марко, / Скиде главу Турчин-Мустаф-аги").[382] У потпуно другачијем контексту, али на сличан

---

[378] Вид. песму бр. 99.

[379] Вид. песму бр. 17.

[380] Вид. песму бр. 85. Марко противничке главе носи са собом, најчешће цару (главу Луке од Приморја), другим јунацима (главу детета Дукатинчета), али и противниковој љуби (главу Филипа Маџарина).

[381] Вид. песму бр. 13. На мотивима обрачуна с Турцима и Маркове освете Андријашеве смрти засновано је и народно предање које се доводи у везу са црквом Светог Андријаша крај Скопља. Овај пример забележила је Иванка П. Милићевић (вид. „Марко Краљевић и манастир св. Андријаша", „Етнологија", свеска бр. 4, стр. 243).

[382] Вид песму бр. 113. У варијанти ове песме, у Караџићевој збирци, Марко убицу свога оца, након што га је посекао, баца у „воду Ситницу", што представља истоветан поступак као Турчинов при Вукашиновом погубљењу (вид. песму бр. 114).

начин Марко се обрачунава са Мином од Костура, јунаком који му је похарао „дворе“ („Ману сабљом с десна на лијево, / Те он Мини одсјече главу“),[383] док ће у варијанти из Богишићеве збирке, ова сцена бити нешто развијенија, уткајући претходно мотиве вилине помоћи и саветовања (како да се обрачуна са чудесним противником), „Михниног“ рањавања („Кад је Марко вилу разумио, / Он се хити Михни брзијех нога, / Подсјече му ноге под кољена“), и тек на крају одсецања главе.[384]

Поступак погубљења реализује се на типичан начин, о чему сведочи поступак пресецања јунака на два дела („посијече га на две поле“, или „од једнога двојицу огради“). Тако ће Марко усмртити „Белета Костурчета“, свог зета бана од Випера, неверног побратима Земљића Стјепана, Луку од Приморја, али и „Туре азнадаре“, што кроз казивање мајци добија и посебна експресивна обележја („Како сам га лако ударио, / Једна пола на коњу остала, / А друга је пала земљи чарној“).[385] На сличан начин грађен је и Марков мегдан с Муратом везиром којем ће Марко „русу“ одсећи главу, а од његових дванаест јунака начинити „двадест и четири.[386] У једној од варијаната сижеа обрачуна са хвалисавим јунаком, у запису из Караџићеве збирке, Марко ће отети сабљу Филипу Маџарину и њоме пресећи и камен иза њега („Удари га по десну рамену, / Раздвоји га на седлу бојноме, / Па кроз њега Марко доватио / На вратима мермера камена, / И њега је пола пресјекао“).[387] У другом ће примеру (варијанти са Дететом Дукатинчетом), овај по-

<hr>

[383] Вид. песму бр. 115.

[384] Вид. песму бр. 116.

[385] Вид. песму бр. 68. Комични ефекти постижу се управо овим парадоксалним поступком, Марко тако „лако“ удара своје противнике, да их обавезно при том усмрћује (вид. песме бр. 63, 65, 68, 81).

[386] Вид. песму бр. 119. И Сид Бојовник усмрћује Сарацене секући их такође преко половине, међутим, овај поступак обрачунавања не доводи се само у везу са употребом сабље, већ и буздована (нпр. Марков сукоб са Арватком девојком), вид. песму бр. 76.

[387] Вид. песму бр. 59.

ступак бити окарактерисан кроз елементе комике, парадокса и апсурда. Найме, Марко ће посећи противника преко „полоина", а да он није ништа осетио.[388] Дете Дукатинче ће се пожалити Марку, пењући се на коња, како га боли срце, на шта ће га он уверавати да се то и њему, тобож, дешавало кад је био мали (тек касније „дете падна, два трупа се стори").[389]

Развијенији облици борби осликани су у примерима Маркових мегдана са сестрићем. У овим песмама Марко је најчешће губитник, а истиче се хитрост, храброст и издржљивост његовог противника. Док Марко извади сабљу, Драгиша војвода ће га већ три пута ударити, или док он успе једанпут да „замане", његов сестрић ће то учинити већ седам-осам пута, задајући му „седамнаест рана".[390] У другој варијанти, на мегдану са „момчетом Дукађинчетом", јунак ће се од удараца буздована одбранити „седефли-тамбуром", а својим „златним шестоперцем" оборити Марка с коња („Колико га момче ударило, / Из бојна га седла иставило / И са црном земљом саставило").[391] У запису из Караџићеве рукописне збирке, сцена мегдана и борби ће се утрајати, јер ће се Марко сукобљавати са неколиким јунацима („Турчином Ђином Латинином", са својим сестрићем, и на крају са знаменитим муслиманским епским херојем Ђерђели-Алијом). Сви ови мегдани садрже одређену мотивску шему: пролазак кроз гору, сусрет с јунаком, претњу упућену противнику, борбу, Марково или јунаково бекство, молбу с намером да се сачува „живот". Прва два сукоба су готово истоветна: Марко јуриша на противника, јунак га дочекује буздованом и обара с коња. Последњи

---

[388] Овај моменат да јунак не осећа ударце присутан је и у Марковом случају, када њега ударају буздованом (вид. песме бр. 59, 60, 97), што има паралелу и са ситуацијом из *Еде*, када Тор туче маљем дива Скримира.

[389] Вид. песму бр. 73.

[390] Вид. песму бр. 71.

[390] Вид. песму бр. 71.

[391] Вид. песму бр. 72.

мегдан представља истовремено и пародирање епске борбе, јер је епизода са Ђерђели-Алијом више комична сцена Алијиног страха и бекства пред Марком (након неуспелог покушаја да стрелом погоди противника, Алија „врте коња, пак стаде бегати"). Народни певач потом даје опис којим се детаљизира моменат Маркове акције, који ће сабљом посећи све елементе Алијине одеће и опреме („доламу", „ђечерму", „панцир", „свилени појас", „танану кошуљу"), потом јунаково оружје („цевердан", „перни буздован", „сребрне ноже"), наневши му на крају и смртне ударце („И јунака по срцу посече – / Како га је засјекао Марко, / Да му крвца ране не залива / Вид'ла би се џигерица бела"). Песма се завршава глорификацијом, која је мотивисана победом над знаменитим муслиманским јунаком.[392]

Најсликовитији мегдани су са митским бићима и чудовиштима (или хтоничним јунацима).[393] У овим примерима сцене обрачуна и борби дате су са много више појдености, представљајући посебне наративне сегменте песама. Шестокрили змај, који пресреће сватове Сибињанина Јанка, има такву снагу да може једним крилом оборити јунаке на земљу. Својим другим крилом растераће све сватове, док ће трећим „ошинути" Марка по „бедри лиевој". Паралелан градацијски низ очитује се кроз Маркове поступке: првим ударцем јунак ће откинути сва три змајева крила, док ће другим, и трећим (завршним) коначно погубити чудовиште. Овакав исход, на основу традиционалних представа, није неуобичајен, јер се са змајем може борити и победити га само „змајевити" јунак, што происходи из митолошких веза са оцем змајем, при чему Марко преузима улогу и

---

[392] Вид. песму бр. 71.
[393] Са митским неманима боре се сви епски, митски и легендарни јунаци: Одисеј, Тезеј, Персеј, Аполон; јапански царевић Јамата, фински јунак Леникајнен; громовник Тор, као и Тир (врховно скандинавско божанство); Сигфрид; Беовулф; Александар Македонски; као и Свети Ђорђе, или Свети Архангел Михаил (који се због борбе с демонима сматра праоцем витештва) итд.

овог митског божанства.[394] Песма ће имати посве комичну завршницу, јер ће Марко, приповедајући мајци, признати како се тада много уплашио, али исто тако и уморио, поново скупљајући Јанкове сватове.[395] У обрачуну са „аждахом" у тамници црног Арапина, чиме се овај типизирани лик у нашој поезији и на овај начин доводи у везу са хтоничним светом зла и мрака, Марко ће наднаравном снагом и вештином успети да погуби чудовиште („Марко гицну ногом и кољеном, / Јер је јака нога у јунака, / Заглави јој уста до рамена, / Ту је гују мртву оставио, / Усмрђе се проклета аждаха, / Тавницу је смрадом задавила").[396] Јунак се обрачунава и са вилама бродарицама, у циљу заштите људских елементарних потреба које им ова демонска бића својим забранама ускраћују. Он ће их усмрћивати својим „шестоперцем" (или одсецати главе сабљом), користећи се најчешће преваром, коју ће једна од њих посебно истицати („Вили глава летећ' проговара: / Ево данас девет годин' дана, / Како сам ја у горици вила, / Још ме није јунак преварио, / К'о што ме је Краљевићу Марко").[397] Марко ће, у једном запису из малешевског краја, „три саати време" тући буздованом „велу самовилу", закопавши је претходно у земљу до колена, да би је на крају посекао „на четири места".[398] Сцена обрачунавања се у овим примерима налази најчешће на крају, представљајући динамичну и ефектну завршницу којом се глорификује Марков јуначки подвиг.

Један од најпознатијих мегдана налази се у песми „Марко Краљевић и Муса Кесеџија" из Караџићеве збирке, при чему ће у почетном делу борбе оружје имати нај-

---

[394] Вид. Нада Милошевић-Ђорђевић, *Заједничка тематско-сижејна основа српскохрватских неисторијских епских песама и прозне традиције*, 97.

[395] Вид. песму бр. 69.

[396] Вид. песму бр. 84.

[397] Вид. песму бр. 82.

[398] Вид. песму бр. 83. Марко усмрћује вилу бродарицу и тако што је набија на колац (вид. песму бр. 153), или откинувши јој зубима главу (вид. песму бр. 154).

значајнију улогу (копље, сабља, буздован). Други део мегдана подразумевају поступци рвања јунака, Марков позив упућен помагачу (вили посестрими), њен савет и пружање вербалне помоћи, и на крају погубљивање противника на превару („ножима из потаје").[399] Једну од основних функција представља ломљење оружја, изражено формулним поступцима („пребио га на три половине", или „буздован'ма пера обломише).[400] Следећи важан моменат је исказивање физичких моћи јунака, без употребе оружја, што је означено најчешће устаљеним описом сукобљавања противника изједначених снага, али чудесне издржљивости („Намјери се јунак на јунака, / Дели Муса на Краљића Марка; / Нити може да обори Марка, / Нит' се даде Муса оборити. / Носише се љетни дан до подне; / Муси б'јела пјена попаднула, /Краљевића б'јела и крвава").[401] Захваљујући вилином савету, Марко се успешно обрачунава са противником (распоривши га „од учкура до бијела грла"). Муси карактеришу демонска обележја, он има три срца, на трећем спава „гуја" која се буди тек након што је Марко погубио Мусу. Фантастична слика мртвог јунака још једном указује на изузетна својства која је Муса поседовао

---

[399] Вид. песму бр. 62. Мегдан између Марка и Мусе Бранислав Крстић у свом Индексу мотива издваја као један од најлепше описаних „двобоја старијег облика" у нашој епској поезији (вид. Branislav Krstić, *Indeks motiva narodnih pesama balkanskih Slovena*, 307). У коликој је мери овако шематизовани мегдан интернационални образац показује сличност са обрачунима међу легендарним епским ликовима као што су Рустем и Сухраб, Карло и Белигант, Александар и Пор итд. У руској традицији налик је обрачуну између Иље Муромца и Калин-цара, док се се његов архетип може потражити у источњачкој причи о Акиру Премудром (вид. В. М. Жирмунскій, *Сравнительное литературоведение*, 238–239).

[400] Мотив ломљења оружја на мегдану постоји и у Марковом обрачуну са јунак-девојком, Арапином, царевим везирима (вид. песме бр. 74, 98, 122).

[401] Марко се рве и са Будимком девојком, при чему опис мегдана у овом примеру представља редуковану варијанту обрачуна са Мусом (вид. песму бр. 74). Слична су у епској традицији надметања и мегдани и између Сухраба и Гурдафриде, Александра и Амазонки итд.

(„Када се је гуја пробудила, / Мртав Муса по ледини скаче"). Завршна сцена мегдана је глорификација не толико Маркових физичких већ етичких, витешких и хришћанско-идеолошких одличја. Он ће заплакати видевши каквога је јунака погубио, изражавајући на сентенциозан начин сопствено кајање („Јаох мене до Бога милога! / Ђе погубих од себе бољега"). Последњи стихови песме потврђују значај Марковог херојског дела и неизмерне храбрости, темељећи се духовито на царевом поступку, у тренутку када Марко пред њега износи Мусину главу („Цар је од стра' на ноге скочио").

Међутим, један од најдужих описа мегдана сигурно је Марков обрачун са Арап-агом из Петрановићеве збирке.[402] Овај епски сегмент може се рашчланити на функције које му непосредно претходе (позив, одговарање, узајамно вређање и претње), а потом на троделну епизоду мегдана: исказивање чудесних Арапинових моћи, варијантни елементи борбе између Марка и Мусе и на крају – обрачун са Арапиновим слугама. Први део борбе окарактерисан је еманацијом чудесних Арапинових особености (из једне главе ветар на Марка „отиснуо", док му из друге „мавен пламен лиже"). Марко ће се одбранити захваљујући спретности свога Шарца, али и сопственим фантастичним атрибутивним средствима (покривши себе и коња „диван кабаницом" која ће их заштитити од ватре).[403] Други део мегдана је по својој шематској структури готово идентичан обрачуну са Мусом (борба копљима, буздованима, сабљама, ломљење оружја; рвање, призивање помагача, погубљење противника), али уз извесну разлику у начину компаративне хиперболизације поступака јунака и њихо-

---

[402] Познати Маркови обрачуни с Арапима су и у песмама из Караџићеве збирке (вид. песме бр. 96, 97, 100).

[403] Маркова „диван-кабаница" налик је чаробном огртачу Светог Саве. У једном предању, Свети Сава је узео некаквог попа на крило, прекрио га својим огртачем и, на сличан начин као и Марко, заштитио њега и себе од ватре (вид. „Свети Сава и поп", Владимир Ћоровић, *Свети Сава у народном предању*, бр. 79).

вих моћи („Кад удара Краљевићу Марко, / Туда ватра просипа се жива, / Низ кобилу до зелене траве, / Све по земљи запаљује траву; / Куд удара троглав Арапине, / Туда крвца прољева се црна, / Низ Шарина до земљице црне, / По три литре излијећу меса“). Трећи сегмент означава и његову завршницу – редуковани вид обрачуна са неколико стотина Арапа, уз Шарчеву помоћ.[404] Чињеница је да Арапи представљају еманацију или модификацију змајева, дивова, аждаја у нашој народној традицији, при чему на оваквим митолошким основама Марков лик постаје културно-историјски јунак који преузима улогу „соларног божанства“ у обрачуну са хтоничним чудовиштима и силама.[405] Поставља се питање, посматрајући не само митске већ и историјске чињенице, на који начин лик Арапина улази у нашу усмену поезију, уколико се зна да у Марково доба није било додира, нити могућности било каквих облика сукоба између јужнословенских народа и Арапа (за разлику од других Маркових противника нпр. Турака, Латина, Маџара).[406] Најверотније да њихова појава у песмама Јужних Словена представља историјско сећање на много раније периоде словенске историје Балкана, када је тих могућности било, нарочито преко Византије и њених сукоба са Арапима.[407] Отуда се овај анахронизам може тумачити као Маркова „епска преегзистенција“ која се приписује утицају раног средњег века, периоду ширења арапских народа на подручју Европе, односно Балкана.[408]

---

[404] Вид. песму бр. 98.

[405] Вид. И. Руварац, *Две студентске расправе.*

[406] Још је израженији парадокс ако је реч о песмама „новијих времена“ о српској револуцији, у којима је по моделу старих мегдана између Марка и Арапина обликована и песма „Лазар Мутап и Арапин“, у којој је Лазар „вождов“ заточник, попут Марка, заштитник и спаситељ националних интереса Србије (вид. песму „Лазар Мутап и Арапин“, Караџић, СД, VII, бр. 41).

[407] Вид. Раде Божовић, *Арапи у усменој народној поезији на српскохрватском језичком подручју,* 198.

[408] Вид. Јован Деретић, *Загонетка Марка Краљевића,* 179.

Пример мегдана са Малетом хајдуком представља контаминацију мотива обрачуна између Марка и Мусе са сижеом песама о неверној љуби. Кулминациони .моменат овог мегдана је покушај Маркове жене Анђелије да, у улози Малетиног помагача, „посиче" Марка по „појасу". Међутим, јунакова одежда представљаће посебно заштитно и чудесно средство, те ће љубин покушај остати безуспешан („Al je Marku dobra sreća bila, / Nemore mu sablja sjeći svile").[409] При обрачуну са Алимандом Ћосом, Марка је од срџбе „мрака уватила", те занесен бојем неће ни приметити да је погубио противника, о чему ће га вила обавестити („Шта је Марко ти се помамио, / Што све сабљом око себе тучеш, / Те сијечеш јеле и огранке, / Ти си Ћоса давно изгубио").[410]

Марко се сукобљава и са већим бројем јунака истовремено. У тим приликама он је најчешће сам, али и са својим побратимима (Милошем Обилићем, Алијом Ђерзелезом, Белил-агом), па чак и љубом која преузима његову ратничку функцију.[411] Број погубљених противника је најмање два, три, преко дванаест, шеснаест, тридесет, четрдесет, до три или пет стотина, па и до три хиљаде (у сватовима), док се у оквиру бојева око освајања градова тај број не прецизира, већ наводи само општа назнака о читавим „војскама". Овај мотив јасно указује на хиперболизацију Маркових моћи, што је присутно и у биографијама других епских ликова светске традиције (акритски јунак Чадонис ће се борити са седам хиљада противника, а Рустем, и Александар Македонски, као и Марко, с небројеним војскама).[412]

---

[409] Вид. песму бр. 45.

[410] Вид. песму бр. 61.

[411] Маркова жена се, у једном примеру, обрачунава са Перишом војводом и његових тридесет хајдука у гори, док он спава (вид. песму бр. 53).

[412] Специфичан у том смислу је мотив Марковог обрачуна с многобројним Турцима јаничарима, које ће он погубити „ралом и воловима", у инат оружи цареве друмове (вид. песму бр. 124).

Најчешћи глаголи који карактеришу начин на који се Марко обрачунава су: „посијећи", „одсјећи", „откинути", „раздвојити", док би се могао начинити регистар убојитих поступака и видова нагрђивања и погубљења противника (избијање очију, разбијање чела; ударци у срце или раме; одсецање или откидање руку, ногу, главе; пресецање тела на две половине; откидање крила, или дављење, што се односи на обрачуне са змајевима, аждајама итд.) Уобичајено је да након мегдана следе функције отимања противникових материјалних вредности и харања „двора" или градова.[413] Овакви мотиви уносе и посебну црту у Маркову биографију, јер ће он у тим приликама отимати „благо", одећу (скидајући је са погубљеног противника), освајати (отимати) оружје и друге јуначке и ратничке атрибуте (коње, нпр.).[414] Међутим, то није само одлика јунака наше усмене поезије, ови мотиви су присутни и код других европских народа (Сигфрид ће након обрачуна са патуљком Алберхтом отети његово благо, као што ће и Бојовник Сид харати арапске градове које је освојио).

Формулну завршницу песама представљају јунаков повратак у „дворе" и певање („Оде Марко кући певајући"). Ови стихови, који смењују сцене крвавих мегдана, засновани су на амбивалентним представама, у оквирима народне смеховне културе и „празнично-карневалског духа", којима се показује да се сви елементи живота (па и константна блискост смрти) могу преокренути у смех (песму) и друге сличне манифестације.[415]

---

[413] Ове радње могу бити здружене (вид. нпр. песме бр. 59, 60, 64, 115, 116).

[414] У таквим Марковим поступцима Светозар Матић види елементе „хајдучке идеологије", показујући између осталог и на примеру скидања противникове одеће, уз одузимање и других материјалних обележја, да је то једно од уобичајених хајдучких правила након погубљења противника (вид. Светозар Матић, *Наш народни еп и наш стих*, 201).

[415] Вид. М. Bahtin, *Stvaralaštvo Fransoa Rablea i narodna kultura srednjega veka i renesanse*, 227.

8. ЗАРОБЉАВАЊЕ

Марка ће заробљавати други јунаци, па чак и сестра, док ће најчешће бити заточен у царевој тамници. Њега заробљавају делије Реље Бошњанина, цариградски Турци, јер је сред Цариграда погубио оцу, као и цареви стражари због тога што је ударио цара. То чине и његови побратими, нпр. Накић-Ибрахим, јер је Марко изгубио опкладу, везујући му „наопако руке",[416] као и у другој варијанти ове песме, у којој ће се надметати у пијењу вина. Пошто Марко и овде изгуби, Махмут-везир поступа немилосрдно („Савеза му руке наопако, / И на руке двоје белензуке, / А на ноге троје букагије / Па га бије чизмом и мамузом").[417] У примеру из Стојадиновићеве збирке, Марка ће при проласку кроз гору са љубом заробити Периша војвода са својим хајдуцима, и то док он спава.[418] Развијенији опис дат је у запису о Марку Краљевићу и Ђему Брђанину, где ће основни појам „гвожђе" бити означен стајаћим епитетима „љуто" и „тешко" („Свеза Марку наопако руке, / Па извади синџир из егбета, / Окова га све у гвожђе љуто: / А на ноге двоје букагије, / А на руке двоје белензуке, / А на грло синџир гвожђе тешко").[419] Ова функција представља део и тематско-мотивске структуре песама са мотивом проналажења брата или сестре. Марковог брата Андрију Турци одводе „с' лнцем на истоке",[420] још као дете, исто као и Маркову сестру Шаину, или Јелицу коју отима бан од Випера. Мотив је присутан и у песмама о Марковој женидби сестром, јер његову несуђену невесту Турци заробљавају „понејаку од године дана",[421] или у варијантама о Марку и Мини од

---

[416] Вид. песму бр. 54.
[417] Вид. песму бр. 88.
[418] Вид. песму бр. 53.
[419] Вид. песму 105. Потпуно варијантан је и облик заробљавања у примеру из збирке Јукића и Мартића, с том разликом што Марка у овом случају на превару заробљава сестра (вид. песму бр. 19).
[420] Вид. песму бр. 16.
[421] Вид. песме бр. 20 и 21.

Костура у којима Мина (Михна Коштуранин) заробљава његову љубу. Исто тако, Маркови противници ће заробљавати и његове побратиме, нпр. Алиманда Ћосо, или Љутица Богдан (Рељу и Милоша).

У оквиру овог круга песама чест је пример тамновања, а мотив заробљавања претходи „бацању" јунака у тамницу. Марко ће се наћи у тамници црног Арапина, арапског или хазачког краља, у царевој тамници, али са побратимима и у тамници Арватке девојке. У записима у којима се наводи разлог Марковог тамновања, функција која претходи заробљавању (често на превару, нпр. опијање вином) јесте борба са противницима у којој Марко бива побеђен,[422] док у примерима где не постоји начин заробљавања, сцене тамновања чине уводне делове песама. Тамница је специјално и „архитектонско" наменски осмишљен простор у оквиру јунакових „двора", са типичним опозиционим својствима (кула у висину „пет стотин' аршина" а тамница „триста басамака" под земљом). Хтонични карактер потврђује се елементима воде, утврђених боја и присуством чудовишних бића („У тавници вода до кољена, / А зелена шаша до појаса, /А по њој се цилитају гује, / У њу стави неситу аждаху, / Све је храни од јунака месом").[423] Тамница („тавница") ближе се одређује и формулним епитетима („камена", „тамна", „проклета"). Познате су и топонимске одредбе крајева или места у којима Марко тамнује (нпр. азачка или арватска тамница; у Караокану, „кршноме Приморју", Стамболу). Марко је заточен увек по неколико година (три, седам, девет), изгубивши за то време и појам о годишњим добима („Нит' ја знадох, кад ми љето дође, / Нит' ја знадох, кад ми зима дође").[424] Кулминација јунаковог емотивног и психолошког стања у таквим приликама означена је уобичајеним функцијама и паралелизмима („Цви-

---

[422] Вид. песме бр. 19, 84, 105.

[423] Вид. песму бр. 84. Сличан опис тамнице дат је и у једном запису из Милутиновићеве збирке (вид. песму бр. 87).

[424] Вид. песму бр. 86.

ли, плаче Краљевићу Марко, / Цвили, плаче кано гуја љу-
та.“).[425] Сликовити су и описи његовог физичког изгледа у
таквим ситуацијама („Коса му је до земљице црне, / Полу
стере, полом се покрива; / Нокти су му орати би мог'о; /
Убила га мемла од камена, / Поцрнио, као камен си-
њи“).[426]

Међутим и Марко ће заробљавати своје противнике
(читаве војске), митолошке демонске ликове, па чак и ко-
смичка тела. У неколико примера мотив заробљавања мо-
же се и више пута поновити, при чему се носиоци функци-
ја обавезно мењају. Марка ће заробити црни Арапин, као
што ће и Марко, успевши да се ослободи, потом заробити
свога „крвника“ (или Ђема Брђанина, који је претходно за-
робио њега). Слично је и када „Вуча џенерал“ заробљава
Маркове побратиме (Милоша од Поцерја, Топлицу Мила-
на и Косанчића Ивана), јер ће Марко то исто учинити са
Вучом и његовим сином Велимиром, а што као парну фун-
кцију условљава ослобађање јунака (Маркових побрати-
ма).[427] Морфолошки посматрано, функција заробљавања
може се наћи у оквиру заплета, али и расплета песме, и го-
тово увек у пару са мотивом ослобађања, потврђујући се
кроз истоветност радњи различитих ликова.[428] Поступак
заробљавања може се паралелно одвијати, што је најочи-
тије у примеру песме о Марку Краљевићу и Љутици Богда-
ну. Марко ће на мегдану заробити његових дванаест војво-
да, док ће истовремено на другој страни то учинити и
Љутица Богдан са Марковим побратимима (чак се и начин
извршења радње у потпуности подудара, и један и други ју-
нак противницима ће само „савезати руке“).[429]

---

[425] Вид. песму бр. 89.
[426] Вид. песму бр. 62.
[427] Вид. песме бр 84, 105, 95.
[428] Ову особеност је у сижеу бајке најбоље уочио Проп, развија-
јући свој модел управо на могућностима да различити ликови
испуњавају исте функције.
[429] Вид. песму бр. 58.

Марко ће на превару (прерушивши се у Алиманда Ђоса), „бацити" у тамницу тридесет Ђосових одметника,[430] док ће сред љутих бојева са Арапима, предводећи цареве солдате, поробљавати читаве градове, или противничке војске, и пред цара их доводити.[431] Марко ће заробљавати и митолошка бића, нпр. вилу бродарицу, и то на начин на који се заробљавају јунаци („Наметна и тешките синџирје, / Заврза ја за кон за опашка"),[432] док ће Звезду Вечерницу „бацити" „и у тамницу (,,...па я връза със девет синджира, / та я фърли вов черна тевница").[433]

9. ОСЛОБАЂАЊЕ (СПАСАВАЊЕ)

Марко преузима на себе функцију ослободиоца (спасиоца) побратима (брата) и других јунака, цара и његове војске, цареве кћери, посестрима, љубе, робља, животиња, националних и верских области и храмова, свега што је битно за живот и опстанак људи и природе.

Јунак ће помоћи сестрићу Сибињанина Јанка на мегдану са силним Арапином, који носи јелу с гранама правећи себи хлад, и коме се нико не усуђује да се супротстави сем Секуле, а потом и Марка („Не помаже ни мајка ни Јанко, / Нако Бог сам и манити Марко").[434]

Марко ће спасавати читаву цареву војску пред Арапима у освајању њихових градова, цара на бојиштима и мегданима у ритерском духу заштитника. Паралела се у овом случају може успоставити између Марка и историјске улоге коју је имао српски деспот Стефан Лазаревић, јер ће у по-

---

[430] Вид. песму бр. 61.
[431] Вид. песме бр. 116 и 64. Изузетну храброст показују и други јунаци: Сигфрид који такође у боју заробљава многобројне витезове, или Александар Македонски који ће, попут Марка, заробити читаву противничку солдатеску и довести је пред свог оца Филипа.
[432] Вид. песму 83.
[433] Вид. песму бр. 127.
[434] Вид. песму бр. 57.

знатој битки код Никопоља спасти султана Бајазита, преокренувши ток битке у корист Турака, што потврђује тезу о неким заједничким елементима, прожимањима у контексту биографија ових двеју личности.[435]

Робиње које кроз гору води Голишан везир братимиће Марка да их откупи или ослободи на „јунаштво".[436] Марко ће понудити „седам товар' блага" Голишану везиру, што ће овај срдито одбити. Након обрачуна између јунака, Марко ће робињама одвезати „пребијеле руке" и „оправити" их на све стране да приповедају о његовом јунаштву.[437] Мотив заробљавања се, у једној песми из збирке Ивана Степановича Јастребова, доводи у везу са нарушавањем хармоничних процеса у природи и недостатком основних животних потреба, што ће условити промену и стања у гори кроз коју Марко пролази („Када дође у гора зелена, / Али гора пуста увенала, / Увенала и се осушила"). Из дијалога са гором Марко сазнаје да је туда прошао црни Арапин водећи силно робље („Први синџир – момци не жењети, / Други синџир моме неудадене, / Трећи синџир – таја луда деца").[438] Варијантни опис ситуације постоји и још у једном примеру из ју-

---

[435] На заједничке чиниоце карактеризације, као и могући утицај *Житија деспота Стефана Лазаревића* од Константина Филозофа на Маркову епску биографију и усмену традицију, указао је Јован Деретић, сматрајући да постоји специфична веза међу овим ликовима на нивоу историјских околности и улоге коју су имали у времену у којем су живели, али и на транспозицију и прожимање историјских, литерарних и усмених фолклорних представа (вид. Јован Деретић, *Загонетка Марка Краљевића*, 183–197).

[436] Сличан пример записан је и у збирци Милка Цепелића, робље међу којима су Маркова кума, посестрима и побратим молиће Марка да замоли Арап-агу, како би их пустио да се умију, напију воде и помоле Богу на Ускрсну недељу (вид. песму бр. 102). Карактеристично је да у сижеима песама са мотивом ослобађања овој функцији претходе мотиви братимљења или сестримљења, позив за ослобађање или спасавање, и упућивање молбе.

[437] Вид. песму бр. 99.

[438] Вид. песму бр. 101. Робље које воде јунаци (највише Арапи и Турци) означава се квантитативно формулним синтагмама и бројевима („три синџира робља", „тридесет робиња", „триста сужања").

жних области („Први синџир се млади момчиња, / Втори синџир се млади девојки, / Трећи синџир старци ем старички").[439] Оба записа указују на транспозицију историјских и искуствених елемената, јер је познато да је у јужним крајевима и било највише зулума и насиља Турака над становништвом. Карактер насилничког односа опеван је и у једном примеру из Караџићеве збирке, у којем се „робиња девојка" обраћа Марку, братимећи га и молећи да је ослободи из руку Арапа („Не држе ме к'о се држи робље, / Већ ме бију троструком канџијом, / Нагоне ме да им лице љубим; / Не могу и јадна ни гледати, / А камоли, да им лице љубим").[440] Мотив ослобађања робља доводи се у везу и са Марковим поласком на причест у цркву или за велике верске празнике. Тиме се Маркови поступци поистовећују са херојским светачким делима, али проналази и могућност за њихово етичко оправдање.[441] Познато је да је средњовековна хагиографска књижевност са „социјално-идеолошком садржином" (функцијом ликова светаца при пружању различитих облика помоћи социјално униженим слојевима) била јако блиска народним и колективним схватањима о устројству света. Конкретно, у франачким легендама и житијима тога доба, изразиту популарност имала су светачка херојска дела ослобађања робља и недужно заробљених.[442]

Марко је заштитник и цареве кћери, витез-ослободилац који се обрачунава с црним Арапином и избавља је из његових руку. Ова функција доводи се у везу са паганским представама о убици аждаје и спасавању девојке,[443] што се

---

[439] Вид. песму бр. 4.

[440] Вид. песму бр. 100.

[441] Након обрачуна са Арап-агом и ослобађања робља, Марко ће на Ускрс ући сав „у крви" у цркву, што ће изазвати негодовање калуђера. „Почињена крв" биће му опроштена тек када се буду уверили у његово изузетно витешко дело (вид. песму бр. 102).

[442] Вид. Арон Гуревич, *Проблеми народне културе у средњем веку*, 98.

[443] Наведени мотив се, између осталог, у античкој митологији везује и за Аполона који убија аждају и спасава своју сестру.

под утицајем хришћанства канонизује у легенду о св. Ђорђу. Чињеница је да се овај култ, на јужнословенском подручју, темељи на представама о прехришћанском периоду и пресловенским божанствима. Томе у прилог могу се навести начини представљања Трачког коњаника на пронађеним рељефима, или његовог поштовања у лику св. Ђорђа (ово је карактеристично за источне области Балкана, нарочито Бугарску).[444] Још необичније је, како показују нека Чајкановићева истраживања, да су се приношења обредних жртви у неким јужнословенским крајевима чинила на „огромном" гробу за који се веровало да је Арапинов.[445] У сваком случају, легенда о св. Ђорђу уткала је у себе многе прехришћанске представе, утичући и сама на развијање јуначке епике у којој главни носилац функција преузима и светачка обележја кроз своје херојске поступке (при чему треба имати на уму да је св. Ђорђе и Марков светац заштитник).

Марко ће ослобађати изворе, воде, све оне елементе који су од примарног значаја за очување хармонизованих процеса у природи, као и за човеков живот. Овај круг песама карактеришу мотиви Марковог проласка кроз гору, жеђи, и обрачуна с вилом. Хтонични лик овог божанства (бродарице, загоркиње, изворкиње, „веле самовиле") господариће водама (језерима, бунарима, рекама, изворима), наплаћујући јунацима „бродарину".[446] Очито је да воде које виле чувају представљају табуисане појмове, које се по свом значењу и својствима разликују од других вода. У једном примеру, који је забележио Корнелије Станковић, чобанин открива Марку специфичност воде из бунара („Не пиј, Марко, ту водицу ладну, / Ту су воду виле отровале, / У њојзи су чедо окупале, / Некрштено, незламеновано, / Нит'

---

[444] Миленко С. Филиповић, *Трачки коњаник,* студије из духовне културе, 28.

[445] Вид. Веселин Чајкановић, *О српском врховном богу,* 69.

[446] У неким записима уместо вила, као чувара вода и река, наводи се и Мара крчмарица, или Арапин који ће наплаћивати од јунака „водарину".

се смеје, нит' ручице даје").[447] Реч је о „нечистој води" ко-
ја, такође, добија експлицитна хтонична обележја или не-
гативна магијска својства јер „čovek koji je pio može uneti u
sebe nešto od 'nečiste' sile kojom je prožeta."[448] Марко ће се
обрачунавати с вилама, најчешће на превару, чиме се исто-
времено успоставља наново (секуларно) стање у свету при-
роде, јер воде бивају ослобођене од негативних магијских
утицаја и доступне људима и животињама. Овакав посту-
пак може се симболички тумачити као утицај на изворе
живота, што се на митолошком нивоу доводи у везу са но-
вогодишњим и пролећним култовима буђења природе и од-
ласком зиме. У том смислу, у источним деловима Балкана
(нарочито у Бугарској) песме о Марку постале су део но-
вогодишњих и божићних обреда, певајући се и као коле-
дарске песме.[449] Истовремено, Маркова функција, и овде,
представља одбрану „космоса" од хтоничних сила, истичу-
ћи Маркове особености јунака који се на страни културе
супротставља мрачним силама природе.[450] Марков хероj-
ски поступак посматра се у контексту натприродних моћи,
али се динамички обрасци фантастике подређују јунако-
вим делима, уважавајући основну потребу да се подвиг
учини што значајнијим и узвишенијим.[451]

Препознатљива Маркова особеност је и његов хумани
однос према животињама. У варијантама из Караџићеве
збирке, птице („соко тица сива", „сура тица орле") помоћи
ће у невољи болесном (рањеном) јунаку. Мотивација та-

---

[447] Вид. песму бр. 82.

[448] Dušan Bandić, *Tabu u tradicionalnoj kulturi Srba*, 258.

[449] То се најбоље показује на примерима бугарских и јужносло-
венских обредних култова и песама које наводи у својој студији Ра-
дост Иванова (вид. Радост Иванова, *Повраћена вода*, одлике митоло-
шког слоја епског циклуса песама о Марку Краљевићу, 95–105).

[450] Вид. Е. Meletinski, *Poetika mita*, 215. Паралелна томе је и фун-
кција ослобађања (спасавања) која се доводи у везу са ликовима
финског епа (јунак Леникајнен ће спасавати космичка тела Сунце и
Месец од демонских крадљиваца).

[451] Вид. Снежана Самарџија, *Поетика усмених прозних облика*,
183.

квог поступка заснована је на реципрочним везама између Марка и животиња. Птице кроз дијалог с Марком, или горском вилом, казују о бити његовог односа према њима. У првом примеру, спасавање животиња доводи се у антитезу са чињењем Турака, који ће сред љутог боја на Косову соколу посећи оба крила. Марко ће га попети на „јелу зелену", нахранити „јуначким месом" и напојити крвљу од јунака.[452] Други запис представља развијенији облик ретроспективног казивања кроз које се на експресивнији начин дочарава Косовска битка, уз транспозицију и елементарних историјских чињеница (нпр. о Муратовој и Лазаревој погибији). Начин спасавања је и овде формулан (сличан као и у претходном примеру), с тим што ће орао навести и другу ситуацију у којој је Марко спасао његово потомство („орлушиће") из запаљене „куле Аџагине". Песма се завршава познатим стиховима који на најбољи начин карактеришу јунака, глорификујући његове узвишене моралне особености и врлине („Спомиње се Краљевићу Марко, / Као добар данак у години").[453] У оба примера наводи се Марково учешће у Косовској битки. Међутим, историјски извори не познају ову чињеницу, нити помињу његово учешће у овом догађају ни на једној страни, што потврђује да је ова претпоставка присутна само у народној традицији, с тенденцијом да се знаменити национални јунаци доведу у везу са најзначајним и одсудним историјским збитијима.

Марково национално хришћанско јуначко дело, у том смислу, представља ослобађање Косова од зулумћара Арапина који наплаћује свадбарину (модификација функције коју има вила бродарица), као и спасавање Свете горе од „Чифутина", чија је намера да откупи верско светилиште од турског цара, а онда да поруши вековне хришћанске храмове. Марко ће осветити косовске јунаке које је Ара-

---

[452] Вид. песму бр. 93.

[453] Вид. песму бр. 94. Мотив постоји и у финској народној традицији, јунака Вејнемејнена спасава орао из силне буре, јер је он претходно њему учинио добро дело.

пин погубио, сахранивши их по српским законима, због чега га народ благосиља („Бог да живи Краљевића Марка! / Који земљу од зла избавио, / Који сатр земљи зулумћара; / Проста м' била и душа и тело").[454] Јунак ће спасити Свету гору тако што ће се обрачунати са „Чифутином", а потом његовим новцем откупити свету земљу од султана Мурата, чиме ће се одржати континуитет хришћанске православне вере и њених светих институција.[455]

Заробљеног Марка ослобађаће љуба, сестрић, или сестра. Из тамнице црнога Арапина Марка ће ослободити посестрима крчмарица Мара, као и царева кћер из очеве тамнице (или кћер арапскога краља). Засужњеног јунака из тамнице у Караокану ослободиће и мајка, пославши му златну кутију у којој је чудесни помагач (змија присојкиња). Марку ће у тамници помагати виле посестриме, али и девојке, док ће га најчешће избављати побратими (Дојчин капетан, Сибињанин Јанко, Јанковић Стојан, Бановић Секула). Мотиву ослобађања, уколико је реч о девојкама у функцији ослободилаца или помагача, готово увек претходе функције сестримљења и обећавања (нпр. Марко ће сестримити крчмарицу Мару, обећати јој „небројено благо", како би га хранила, појила и одржавала у животу).[456] Овом мотиву, између осталог, претходи писање „књиге" (на превару), односно упућивање позива потенцијалним ослободиоцима.[457] Међутим, Марко ће се ослобађати и сам из тамнице (нпр. Арватке девојке), или противникових ланаца („Скочио се о' земље на ноге, / мак'о рукам', сиџим прекинуо"),[458] користећи се често и преваром (молећи нпр. противнике да му „пуште беле руке").[459] Јунака ће спасити својим мудрим или индиректним саветима и његова кума

---

[454] Вид. песму бр. 97.
[455] Вид. песму бр. 108.
[456] Вид. песму бр. 84.
[457] Вид. песме бр. 87 и 88.
[458] Вид. песму бр. 54.
[459] Вид. песму бр. 90.

(Радулова Ана), Ћуприлић везир, али и божански „глас из цркве", како би пред љутитим оцем (краљем Вукашином) сачувао и очев и свој живот.[460]

10. СМРТ

Маркову епску биографију карактеришу и они записи у којима се пева о јунаковој старости (физичкој немоћи) и посебно смрти.[461] Међутим, мотив Маркове болести чешћи је но што су то описи периода његове старости која се никада не доводи у везу са функцијом смрти. Очито да овај елемент не представља значајан моменат у животу јунака, као ни посебан стваралачки изазов за епског певача који је више „наклоњен" његовим динамичким и херојским обележјима, супериорним, природним, биолошким могућностима, и вечној епској „виталности".[462] Песме у којима се говори о Марковој болести су, у ствари, краћи лирски записи духовитог дијалога са девојкама,[463] или сижеи у којима захвалне животиње, чинећи услугу, помажу јунаку у невољи. Мо-

---

[460] Тумачећи мотивацију оваквога начина спасавања, Милош Ђурић уочава паралелу са сценама у *Илијади*, окарактерисавши овај моменат (разрешење драмске напетости на ирационални начин) познатим поступком „deus ex machina" (вид. Милош Н. Ђурић, *Хеленска књижевносȳ и комȳараȳисȳика*, 103–104).

[461] Народни певач наводи трајање Марковог дуговеког живота (нпр. осамдесет или чак триста година). Ово је карактеристика и многих других националних и легендарних јунака (Карло Велики је, према предању, живео преко двеста година), док је типично да знамените епске и митске личности уопште и не умиру.

[462] Ретки су примери песама у којима се описује Маркова физичка старост. У једном запису из Караџићевог Државног издања наводи се како бербери бријући Марка проналазе седу влас у његовој бради, што ће бити мотивација његовим размишљањима и страху од старости (вид. песму бр. 126). У другој песми здружени су елементи болести и старости, а Маркова епска улога мегданџије и одбране јуначке части поверена је због тога његовом сину Матијашу који ће га заменити на бојишту (вид. песму бр. 155).

[463] Вид. песму бр. 34.

тив Марковог боловања може представљати подстицај за вербално навођење његових добрих дела, због чега ће му животиње (нпр. „соко тица сива") притећи у помоћ, напојити га водом или му начинити хлад.[464] Маркова болест је окарактерисана описним сликама, при чему се најчешће наводи само функција, док се знатно ређе износе разлози (у једном македонском запису јунаково погоршано физичко--духовно стање проузроковано је насилничким и злим намерама оних који су супротстављени верским интересима хришћана).[465] Марко ће углавном боловати крај друма, што представља формулни уводни део песама („Разболе се Краљевићу Марко / Покрај пута друма јуначкога, / Више главе копље ударио, / А за копље Шарца привезао"),[466] док у једном запису овај мотив добија не само временска већ упечатљива надреална и пиктурална својства (Болова' је Краљевићу Марко, / Болова је девет годин' дана, / Од кости му месо отпадало, / Кроз главу му муве пролетале").[467]

Особен је у овом контексту начин Марковог губљења снаге, његова епска „детронизација", што у метафоричком смислу означава јунакову епску „смрт". Губитак једног од основних обележја мотивисан је Марковом таштином, самољубљем, необузданом силином, чиме се пренебрегавају канонске границе и проблематизује питање његове даље јуначке егзистенције. У контексту митолошких представа (дијалог са Звездом Вечерницом), Марко ће показати да се не боји ни хришћанског творца (Бога),[468] позивајући га без зазора на мегдан, хвалећи се како би могао и целу Земљу

---

[464] Ове функције представљају формулне поступке помагања животиња јунаку који болује или који је рањен, што је као поступак уобичајено и за Маркову помоћ вилама (упореди песме бр. 93, 94 и 5, 6).

[465] „Чифутинова" намера да уништи светогорске храмове утицаће на Марка. Он ће се разболети, па чак и пасти с коња, враћајући се у Прилеп мајци (вид. песму бр. 108).

[466] Вид. песму бр. 93.

[467] Вид. песму бр. 156.

[468] Карактеристика јунака да не зазиру пред моћним божанствима одлика је и Гилгамеша, Ахила, Ајанта, Сигфрида итд.

подићи („Ој те тебе, звездо вечернице, / уште мене јунак не познаваш, / слушај мене звездо вечернице! / Да ми слезит господ од небеси / и со него на мејдан излегвам; / крај да имат мајка црна земја / с една р'ка неја ке поткренам"). Марков поступак представљаће иницијални моменат нарушавања равнотеже у односима међу овоземаљским и небеским силама, проузроковавши негативан предосећај и бојазан (Звезда Вечерница плаче над јунаковом судбином), што је истовремено и увод у епизоду сусрета са Богом, а потом и елиминације једне од Маркових основних (чудесних) епских атрибута. Након функције кажњавања, наново се успоставља пољуљани хармонизовани поредак, а виновник излаже назначеним последицама. Бог се материјализује и персонифицира, преображавајући се у људско биће („стари дедо") које ће пред Марка поставити посве чудесан задатак, којим се извршава и провера његових физичких моћи. Јунак ће покушати да подигне „торбу малечкаву", у којој је похрањена тежина целе Земљине кугле. Читава епизода обликује се низом неуспелих покушаја, што ће представљати облик надметања између небеских и овостраних, земаљских сила. Симболичка слика јунаковог физичког, психолошког и епског „поринућа" потврђује се чудесним детаљима („Испљуштеха коски јунакови, / му се скина нешто во срдцето / и се стресе Марко Кралевиће, / си испушта торба на земјата, / кога гледат с нозе ми потонал / во каменот дури до колена"). Кроз скрушени дијалог с Богом Марко спознаје смисао догађаја и његове узрочно-последичне законитости, изражавајући кајање због својих неразумних поступака, намера и неизмерне охолости. Стога, песма чији су уводни стихови наглашено епско-митолошког карактера, у свом завршном сегменту спаја својства хришћанско-моралистичких и поучних казивања о грешнику и његовом покајању. У том смислу треба разумети и Маркову епску трансформацију као наглашену антитезу међу елементима карактеризације, јер Марко који бива еманација необуздане хтоничне природе и силе (под којом и земља утања), постаје оличење кроткости и покајништва (...„р'це кршит од бели колени, /жалба жаљат за напрежна сила, / што погуби своја јунаштина“).[469]

Јунакова физичка смрт такође се доводи у везу са Божјом вољом и утврђеним митским представама којима се, као и када је реч о Марковом рођењу, истичу чудесни елементи његове карактеризације, али потврђује и мотивација за уобличавање овог хронолошки завршног сегмента епске биографије. У најпознатијем примеру о Марковој смрти, који је записан од слепог певача Филипа Вишњића, казује се како он не може погинути на мегдану од јуначке руке, нити оружја, већ само „од бога од старога крвника“.[470] Митолошки контекст песме и у овом случају назначен је већ у уводном делу: Марков пролазак кроз гору („Урвину планину“),[471] у „нељељу“ (сакрално време), Шарчево предосећање и његов плач,[472] као и Марков сусрет с вилом. Она ће предсказати Марку смрт, величајући при том његова епска својства, упутивши га на бунар у гори (међу двема јелама) који има функцију да потврди пророштво. Огледајући своје лице у води, јунак ће се уверити у веродостојност њених речи („Наднесе се над бунар над воду, / Над водом је лице огледао; / А кад Марко лице огледао, / Виђе Марко, кад ће

---

[469] Вид. песму бр. 125. Сматра се да је сакупљач Трајко Китанчев вршио извесне интервенције на тексту, док неки научници, нпр. Гане Тодоровски, претпоставља да је Китанчев и творац ове песме. Детаљнију анализу овог примера, као и паралелу са већим бројем варијаната вид. у студији Бошка Сувајџића (Бошко Сувајџић, *Митска и функционална смрт Марка Краљевића*, 219–226).

[470] И у акритском циклусу песама Дигенис не гине на уобичајен начин, њега вреба персонифицирана смрт.

[471] Научници су у овом локалитету уочавали могућност помињања правог места Маркове погибије (Ровине), који је могао настати на основу „народне етимологије“ (Вид. Михаил Халанскій, *Южно-славянскія сказанія о Кралевичѣ Маркѣ въ связи с произведеніями русскаго былевого эпоса*, 726; као и Radmila Pešić – Nada Milošević-Đorđević, *Narodna književnost*, 256).

[472] Тихомир Ђорђевић сматра, на основу примера из наше народне традиције, да овде није реч о „песничком накиту“, како је тврдио Т. Маретић, већ заиста о жаљењу животиње за својим господаром (вид. Тихомир Р. Ђорђевић, *Белешке о нашој народној поезији*, 37).

умријети"). С обзиром да се бунар налази међу јелама, што упућује на станиште женских демона вила, представе о магијским моћима воде доводе се у везу са појмом хидромантије, а она би у овом случају била извршена на „светој води" која има и пророчку моћ.[473]

Мотивом Марковог опраштања од живота (кроз плач јунака) исказује се жалост за овим „св'јетом", али и релативизује појам смрти („Лажив св'јете, мој лијепи цв'јете! / Л'јеп ти бјеше, ја за мало ходах! / Та за мало, три стотин' година! / Земан дође, да свј'етом пром'јеним"). Истовремено, врши се и „опраштање" са стеченим атрибутским обележјима, симболички тумачено као епско „рашчињавање" јунака пред смрт, при чему се његове намере мотивишу и историјско-социолошким разлозима. Марко своме Шарцу одсеца главу, пребија сабљу „на четверо", ломи копље на „седмеро", а из разлога да их се Турци не би домогли. Посебан моменат представља „сактисање" буздована. Јунак га баца у „сиње море" (формулна радња), персонифицирајући његова својства, и глорификујући сопствену природу, уз мистичну могућност епског континуитета („Кад мој топуз из мора изиш'о, / Онда 'ваки ђетић постануо"). Марково убијање Шарца и ломљење оружја пред смрт поседује још једно одличје. У запису из Бугарске, јунак се не опрашта само са својим атрибутима, већ убија и љубу и мајку,[474] што означава остатке древних обичаја код многих па и јужнословенских народа, утемељеним на представама да се са умрлим сахрањују не само особена обележја (коњ, оружје, или неки други предмет), већ и људске жртве.[475]

У завршним сегментима Вишњићеве песме, Марко пише „књигу" (опоруку) којом обавештава путнике намернике о својој смрти, заветујући неколике ћемере блага ономе

---

[473] О овој појави у Вишњићевим песмама писао је Веселин Чајкановић, наводећи као пример и песму „Почетак буне против дахија" (вид. Веселин Чајкановић, *Студије из српске религије и фолклора*, 298).

[474] Вид. песму бр. 157.

[475] Вид. Веселин Чајкановић, *Студије из српске религије и фолклора*, 68.

ко га буде укопао, затим црквама, кљастима и слепима да певајући по свету проносе његову јуначку славу. Сцену Маркове смрти карактерише спој митолошких и хришћанских елемената, као и низ устаљених поступака („Скиде Марко зелену доламу, / Прострије је под јелом по трави, / Прекрсти се, сједе на доламу, / Самур-калпак над очи намаче, / Доље леже, горе не устаде").[476] Марку нико неће смети да приђе, јер свако се боји „уснулог" јунака, све до доласка „проигумана Васа" који ће његово тело однети у Свету гору и сахранити га насред „цркве Виландара", али на посебан начин („Биљеге му никакве не врже, / да се Марку за гроб не разнаде, / Да се њему душмани не свете").[477]

У неколиким другим варијантама Маркова смрт добија изразито митолошки карактер. У песми из Бугарске, записаној у Копривштици, јунак ће на мегдану распорити хтоничног противника (дете Дукатинче које има девет срца), након чега ће га погубити змија која је за време њиховог обрачуна спавала.[478] Марко ће погинути и од виле која чува прилазе Дунаву. Тематско-мотивска структура ове песме темељи се на сижејним елементима варијаната о вили бродарици (изворкињи), где ће Марко, не обазирући се на њену забрану, прекршивши низ табуа, напојити себе и коња, поломити „руже" около, замутити реку. Вила ће неколико пута поновити претњу, а потом га усмртити.[479] У запису из Боке Которске, Марка ће погубити „са града ђевојка", при чему се не развија детаљније опис обрачуна нити наводи мотивација већ само констатује податак о јунаковој погибији. Нагласак је на на постхумним дешавањима. Марка сахрањују игуман Саво и српске војводе на Косову, у олтару цркве. Жалиће се типски, на основу традиционалних представа о посмртним обредним чињењима, тако што

---

[476] Сличан је опис смрти и франачког јунака Роланда који такође скончава живот међу јелама (дрвећем хтоничних својстава) са хришћанском молитвом на уснама.

[477] Вид. песму бр. 130.

[478] Вид. песму бр. 127.

[479] Вид. песму бр. 129.

ће јунаци „грдити" лице, калуђер чупати браду (док ће јунаков коњ „црђи" за својим господаром). Након Маркове смрти, Турци ће „притиснути" српско царство, остављено на милост и немилост зулумћаримa, без свог јединог правог заштитника, што у извесном смислу представља модификовану транспозицију историјских реалија.[480] Марко ће погинути и од руке јунака, нпр. Ала Чендригана, док ће његову смрт у овом случају осветити љуба.[481] У једној од варијаната, објављеној у „Босанској вили", и Марко ће бити окарактерисан типским митским и хтоничним обележјима (попут Мусе Кеседије, Малете хајдука, детета Дукатинчета), јер ће се након мегдана са јунаком Сењанином Ивом утврдити да и он поседује више срца (на Марковом трећем срцу још увек ће спавати његова посестрима „гуја").[482]

Једна од новијих записаних песама, која се мотивски може довести у везу са кругом примера о Марковој смрти (погибији), указује на другачији начин уобличавања усмених епских поетских форми и поимања функција које се придају знаменитом националном јунаку. Представе о Марковој смрти, у овом случају, засниваће се на пародирању сижејних елемената и мотива кроз низове парадоксалних, оксиморонских, надреалних и апсурдних слика и поступака, са акцентом искључиво на постизању комичних ефеката и њиховој рецепцији, што представља деструкцију јуначке песме као жанра, али и потпуну „десакрализацију" Маркових обележја и његове епске улоге. Да би се овај процес учинио што јаснијим, краћи запис даје се у целости:

„Поранио Краљевићу Марко,
Прије зоре на петнаест дана,
Па он скида ђога са тавана,
Оседла га седлом по трбуху,

[480] Вид. песму бр. 128.
[481] Вид. песму бр. 158.
[482] Вид. песму бр. 159. У једном примеру забележеном у Истри Марко ће извршити чак и „самоубиство" (вид. песму бр. 160).

А заузда ђемом подно репа,
Па се ђогу баци међу уши,
И пусти га пољем високијем;
Сусрела га два ћорава ловца
И са њима два хрта одрта,
Гађаше га два ћорава ловца,
Посред срца у десно кољено,
Мртав паде, здраво дома дође,
И овако чудо дома нађе:
За мајку му отишли сватови,
Отац му се ни рађао није,
А ђед му се у бешици љуља.“[483]

Историјски подаци о Марковој смрти казују да је погинуо у битки на Ровинама, 17. маја 1395. године.[484] Извори тврде да је Марко изгубио живот боречи се на турској страни против хришћана, односно влашког војводе Мирче који је војевао под заповедништвом угарскога краља Жигмунда.[485] У овој бици на страни Турака учествовали су и други српски вазали (деспот Стефан Лазаревић и Константин Дејановић). У *Житију деспота Стефана Лазаревића* наводи се како је Марко пред ову одсудну битку упутио следеће речи Константину Дејановићу (Драгашу): „Ја кажем и молим Господа да хришћанима буде помоћник, а ја нека будем први међу

---

[483] Вид. песму бр. 161. Пример је записан током 1997. године, на фолклористичком истраживању у Црној Гори у Андријевици, од Радоша Јелића који је чуо од свог стрица Радомира Јелића, рођеног 1913.

[484] Код Константина Јиречека, Стојана Новаковића, Владимира Ћоровића датум битке је 10. октобар 1394, што се и до дан-данас задржало у румунској историографији. На основу различитих докумената и извора Ђорђе Сп. Радојичић и Михаило Динић оповргли су ово мишљење и установили нови датум који је прихваћен у нашој савременој науци (вид. Ђорђе Сп. Радојичић, *Једна глава из „Живота Стефана Лазаревића“ од Константина Философа*, 141–142, и Михаило Динић, *Хроника сен-дениског калуђера као извор за бојеве на Косову и Ровинама*, 51–52).

[485] Вид. *Историја српског народа*, друга књига, 54.

мртвима у овом рату.“[486] Ова особена Маркова изјава, како су сматрали неки истраживачи, могла је утицати на стварање вековне легенде о њему, као могући подстицај и узрок његове популарности.[487] Исход ове битке показао је да су се Маркове пророчке речи обистиниле – он је погинуо, а Турци бивају побеђени, што је у извесном смислу могло улити наду хришћанима, али без много утицаја на даљи развој историјских прилика на Балкану и даља турска освајања.[488]

У неколиким примерима песама говори се и о Марковом животу након смрти. Сматра се да су ове песме настале у релативно новије време (објављиване у сакупљачким збиркама првих деценија прошлог века) и то највише под утицајем предања у којима је овај мотив знатно заступљенији. Маркова улога у овим песмама је типична, он је јунак који живи повучено, ван света (најчешће у пећини), чекајући свој тренутак да се по потреби наново врати и постане вођа у ослободилачким борбама против различитих завојевача.[489]

Овај елемент Маркове карактеризације присутан је и у контексту светске епске, легендарне и митске традиције, познат као образац о тзв. „уснулом јунаку“ који, попут Марка у наведеним примерима, чека свој тренутак када ће се пренути из вековнога сна и наново кренути у своју националну и историјску мисију.[490] Наш познати научник и историчар Владимир Ћоровић истицао је да је ова црта Маркове епске

[486] Константин Филозоф, *Житије деспота Стефана Лазаревића*, 90. У *Подгоричком летопису* наводи се како је Марко тада погинуо од руке Јована Докмановића (вид. Ljubomir Stojanović, *Nekoliko srpskih ljetopisa*, 185).

[487] Ову тезу поставио је француски научник Андре Вајан, видевши у Константиновом сведочењу могућност популаризовања Маркове епске личности (вид. Andre Vajan, *Sultanov sluga kao nacionalni junak*, 290). У нашој науци слично мишљење заступао је и Светозар Матић (Вид. Светозар Матић, *Нови огледи о нашем народном епу*, 117).

[488] Вид. *Историја српског народа*, друга књига, 55.

[489] Вид. песме бр. 162, 163 и 164.

[490] На сличан начин још увек се сматрају „живима“: јерменски јунак Мали Мхер, келтски Фин Мак Кул, Фридрих Барбароса, Артур, Карло Велики, Сигфрид итд.

биографије специфичнија за облике усменог прозног стваралаштва но за песништво,[491] што се потврђује и бројнијим записима предања о јунаковом „животу” и након смрти. У њима се казује како је Марка из некаквога крвавог боја у пећину пренео Бог, а тренутак његове поновне епске „акције“ могу најавити јунакови атрибути (коњ, сабља). Марково повлачење из „овога“ света мотивисано је појавом и функцијом ватреног оружја (пушке), што је у супротности са његовим схватањем витешког кодекса („Сад не помаже јунаштво, јер најгора рђа може убити најбољега јунака“).[492] У казивањима са територије данашње Македоније, Марко разговара са људима, најављујући свој скори повратак, док се у једном српском запису наговештава да ће се Марко појавити тачно седамсто тридесет година од момента смрти.[493]

Уочљиво је да се Марко и у усменим поетским примерима и прозним нарацијама доводи најчешће у везу са просторним одредиштем пећине (ређе и са гробницом), као основним пребивалиштем након смрти. Познато је да у нашој народној традицији пећина представља међупростор између „овога“ и „онога“ света, што показује да се и Маркова смрт релативизује, стварајући могућности за његов повратак у одговарајући епски миље, и поновно успостављање специфичних функција, у зависности од духовних и колективних потреба новог доба, и његовог историјског и цивилизацијског поимања.

[491] Вид. Владимир Ћоровић, *Краљевић Марко у српским народним приповеткама*, 123–124.

[492] Вук Стеф. Караџић, *Етнографски списи*, 321.

[493] Вид. Станоје М. Мијатовић, *Краљевић Марко у народним причама*.

ЗАКЉУЧАК

Маркова епска биографија у овој студији тумачена је на основу континуираног и хронолошког принципа, у контексту тематско-мотивских чинилаца који је обликују. Пропов модел може се применити на жанр епске поезије, али се наративна синтагматика бајке не подудара у целости са морфолошком структуром песама. Зато се овде примењује нешто другачији метод од оног који Проп утемељује у својој *Morfologiji bajke*, јер се знатно више посвећује пажња носиоцима функција (ликовима), њиховим атрибутивним својствима, елементима историјске карактеризације, као и компаративистичком и етнографском материјалу који је неопходан да би се потпуније сагледала основа Маркове јуначке биографије.

Марково рођење представља иницијални моменат. Он је сврсисходан у том смислу што јунаку на индиректан или директан начин обезбеђује чудесна епска својства (порекло) којима се разликује или уздиже у односу на друге личности. У сижејном току песама ова функција не представља део почетне ситуације, као што је то случај у бајци. Невелики круг записа о Марковом детињству казује о његовим првим мегданима и обрачунима, херојским и подвижничким делима, везујући се и за мотиве ослобађања робља као значајне поступке у контексту обликовања јунакове епске карактеризације. Очито је да се ова функција, карактеристична и за варијанте песама о Марковом поласку на причест у цркву (у дане великих хришћанских светковина и празника), уграђује у прва Маркова витешка дела с намером да се процес јунакове епске иницијације означи у складу са његовим узвишеним осећајем за хумано и етичко-социјално устројство света.

Примери о детињству певају и о начину стицања изузетних атрибута (снаге, оружја, коња). Овом моменту, у композиционој структури песама, претходи успостављање посебних духовних односа са митским потенцијалним помагачима, наградиоцима, посредницима (превасходно вилама).[1] Процес „опремања" јунака одговарајућим својствима доводи се и у везу са кушањем његових моћи (нпр. снаге), што се може окарактерисати и као обавезан вид провере, који је и у бајци веома битан чинилац. Слично је и са стицањем оружја, при чему се овај елемент конкретизује кроз функције освајања, даривања, огледања његових обележја, не везујући се, наравно, само за период Марковог детињства. Иако је присутан и мотив продаје, он не представља, у Проповом смислу, „парну" функцију са куповином оружја, јер најчешће следе Маркови мегдани са „продавцима" (потенцијалним противницима), и освајање овог атрибута. Нешто другачија ситуација је када је у питању задобијање коња (иако Марко на сличан начин проналази и ово обележје – уз посредство виле, мајке, или бива дариван у разним приликама), јер он ће и куповати ову митску животињу (дајући за њу чак „три бијела града"). Марков коњ је, у ствари, његов најбитнији атрибут, поседујући чудесне способности, он је јунаков помагач на мегдану, уме да говори, мисли, да саветује Марка, пије са својим господаром вино. Стога и није необично да мотив спремања коња готово увек претходи опремању јунака његовим другим атрибутима (оружјем, или тулумином за вино). Очито је да се, када је у реч о проналажењу основних Маркових обележја, функција „недостатка" јавља као основни моменат којим се мотивише јунаков полазак у потрагу за одговарајућим атрибутским елементима (оружјем, коњем).

---

[1] Вила је најзначајнији митски лик у песмама о Марку Краљевићу. Поред наведених функција, она је и његова мајка, помајка, посестрима, љуба, саветодавац, обавестилац, видар, али и противник.

174

Један од најфреквентнијих мотива у песмама о Марку Краљевићу је пијење вина,[2] док Маркова тулумина (чаша, пехар) представља његово препознатљиво обележје. Ова функција доводи се у везу са многобројним ситуацијама и мотивима (претходи јунаковом поласку, део је обичајних прилика, јавља се као битан чинилац при функцији надметања, опкладе, кушања сопствених физичких моћи, као подстицај за разговор, или мотивациони елемент за различита Маркова психолошка и физичка стања, бивајући и особено средство за видање убојитих рана итд.). Поступак пијења вина може се тумачити као „парни" елемент функцији „јеђења", што је карактеристично за записе који започињу мотивом Маркове вечере с мајком. Пијење вина, у тематско-мотивској структури песама, може представљати иницијалну, али и завршну формулу, што није карактеристика само наше епске поезије, већ одличје усмене традиције и других народа.

Значајни ликови Марковог сродничког круга су мајка, отац, брат, сестра, сестрић, љуба. Делокруг функција Маркове мајке (у народној традицији Јевросиме) очитује се кроз поступке саветовања, обавештавања, откривања (нпр. неверства Маркове жене, или постојања јунакових незнаних блиских сродника), наговарања, као и пружања помоћи Марку. Мајка ће и спремати сина за полазак, дочекивати га при повратку, али и заклињати да послуша њене савете. Мотив саветовања је део почетне ситуације песама, засноване на облику дијалога између Марка и мајке, чему претходи елемент (писменог) позивања јунака (у сватове, на кумство, у цареву војску). Мајка је Марков етички, витешки, хришћански идеал, заслужник у стицању посебних епских и митских особености (снаге, оружја, коња). По свим основним карактеролошким специфичностима лик Марковог оца (краља Вукашина) представља антитезу лику његове жене Јевросиме. Вукашин је типизирани нега-

---

[2] Честе су и функције саветовања, полазака, писања и читања, обрачунавања, пролазака кроз гору итд. (Вид. Регистар функција.)

тивни јунак, што је условљено и представама насталим на темељима историјских и хагиографских извора и списа. Он је склон отимачини, невери, размирицама, спреман да се сукоби и са својим сином зарад личних интереса. Вукашин је клеветник, лажљивац, који куне Марка јер се руководи вишим моралним, хришћанским и националним идеалима. Марко је његов антипод, он ће се патријархално и витешки односити према свом оцу, избегавајући сукобе с њим, али ће у епском духу светити Вукашинову смрт. Марко се, међутим, обрачунава са својим братом (Андријашем), стичући карактер братоубице. Мотиви који се доводе у везу са односима између Марка и Андријаша су и саветовање јунака, заједнички проласци кроз гору, надметање. Завршне сегменте песама са овим функцијама представљају јунакови обрачуни са Андријашевим убицама (хајдуцима, одметницима), односно освета неправедне братовљеве смрти. Делокруг поступака Маркове сестре је другачији, она је његов ослободилац, заштитник, али и противник на мегдану, издајица коју Марко због почињене невере и брутално кажњава. Маркова сестра ће бити и његова несуђена невеста, што се најчешће доводи у везу са мотивом јунаковог поласка у потрагу за непознатим сродницима. Песме са овом сижејном основом садрже у завршним стиховима функцију откривања идентитета (као и препознавање на основу материјалних знакова на телу). Под утицајем табуа и негативних представа у нашој народној традицији, до родоскрвнућа никад не долази, чиме се етички, биолошки и природни код не доводи у питање. Откривање идентитета и препознавање карактеристични су мотиви и за песме о Марку и његовом сестрићу, којима најчешће претходи мегдан (завршавајући се Марковим поразом и рањавањем). Након утврђивања сродничких релација, уследиће брижан сестрићев однос и видање Маркових рана, али и сујетни јунаков поступак – убиство сестрића (на превару). Лик Маркове љубе означен је као етички амбивалентан. Маркова жена је смерна и верна, она спрема јунака за полазак (опрема и његовог коња) испраћа га, дочекује (ове две потоње функције могу се сматрати „парним“). Љуба је Марков ослободилац, спасилац, саветодавац, одговара га од мегдана, мудра је и досетљива. Она открива подвале и преваре, пева на Марков наговор кроз гору, пије вино са њим, рађа му потомство (Марков син је по многим особеностима налик на свог оца). Међутим, љуба је и неверна, чинећи прељубу, или преудајући се за другог јунака. Она ће га издати у најодсуднијем тренутку (на мегдану), постајући његов директни противник. Мотиви који се доводе у везу са Марковим односом према љуби најчешће су кушање њене верности (мотив се здружује са функцијом прерушавања), опклада у њену мудрост, даривање, ослобађање,[3] али и њено сурово кажњавање (у неким примерима ова функција подразумева и уништавање заједничког потомства). Карактеристично је да се новелистички мотиви у песмама о Марку јављају најчешће у оним сижеима у којима су значајни носиоци функција ликови Маркових најближих женских сродника (сестра, љуба), што се преноси и на круг песама о Марковом односу према ликовима других жена и девојака. Основне елементе, у овим превасходно лирским записима, представља даривање девојака, кушање њихове наклоности и љубави, јунаково хвалисање бројним обљубама, али и криво заклињање и погубљење девојке, што ће представљати мотивацију за Марково покајање и „културолошку“ функцију подизања задужбина („покајница“).

Посебна врста сродничких односа очитује се кроз тзв. „духовно сродство“. Марко успоставља ове релације са ликовима „реалног“, животињског и митолошког света. Марко братими јунаке (противнике), с намером да сачува сопствени живот, или животиње (гаврана) како би му помогле у невољи; сестрими крчмарице, вилу, Звезду Вечерницу и

---

[3] Мотив ослобађања жене се, у Проповом смислу, може означити као „отклањање штете“, јер овој функцији као „парни“ елемент претходи мотив њеног заробљавања (харање Маркових „двора“), односно „наношење штете“.

др. Ликови Маркових побратима и посестрима доводе се у везу са многобројним функцијама, они су његови ослободиоци, помагачи, саветодавци, обавестиоци. Дарују га и награђују, за њих се везују мотиви проласка и певања кроз гору, карактеристични поступци у оквиру женидбеног и свадбеног ритуала, али они представљају и Маркове противнике с којима се он обрачунава, или их кажњава. У контексту овог вида сродствених односа тумачен је и царев лик који има улогу јунаковог поочима (или кума). Овакве представе нису утемељене на историјским потврдама, већ на потреби да се Марков епски и социјални статус уздигне и у оквирима „реалних" хијерархијских и друштвених основа. Народна епска поезија, међутим, транспонује неке од битних историјских чињеница, истичући Марков вазални однос према турском султану, те је један од веома честих мотива његов полазак у цареву војску. Марко је царев освајач градова, његов заточник, спасилац, ослободилац кћери, али он ће цара и кажњавати због нечасних поступака, светити му се, чак га и погубити. У делокруг царевих функција улази даривање, обећавање, награђивање, благосиљање, позивање у војну или на „диван",[4] али и Марково заробљавање, бацање у тамницу, харање јунакових градова итд. Етички је другачији Марков однос према српскоме суверену Урошу, чији је он заштитник, повереник, исказујући притом најузвишеније моралне одлике своје ритерске природе.

Просидба представља иницијални моменат свадбеног ритуала. Она у сижејној структури песама претходи женидби, чинећи њен „парни" елемент.[5] Просидба се доводи у везу са „недостатком" што условљава Марков полазак у потрагу за невестом. Поласку најчешће претходи дијалог са мајком, саветовање, опремање јунака. Даривање је веома важан мотив,

---

[4] Овај моменат на најсликовитији начин карактерише специфичност односа између Марка и цара, уносећи особене комичке елементе, кроз мотиве царевог страха пред љутитим Марком.

[5] Просидба, међутим, није увек присутан моменат у контексту женидбе јунака, она може, као функција, бити и изостављена.

представљајући и незаобилазни део обичајног кодекса у оквиру свадбеног ритуала. Сижеи песама о женидби јунака карактеришу се утврђеном композиционом шемом, подразумевајући низ поступака и чинилаца који су у спрези са елементима традиционалних обичајних представа, али и специфично епских функција које су уткане у основ јунакове карактеризације. Марко у улози девера спасава невесту и сватове, али и сам пресреће друге јунаке, сукобљавајући се с њима и отимајући им девојку, или се, као младожења, обрачунава са својим неверним кумом и девером. Повратак сватова у јунакове дворе представља често завршну формулу у композиционој структури песама. Варијанте о Марковој женидби вилом, међутим, имају потпуно другачију сижејну основу. У овом случају, елементи свадбеног ритуала замењују се више односима између Марка и виле, заснованим превасходно на јунаковој тежњи ка стицању изузетног потомства, чиме се утврђује генеалошка „епска вертикала" (будући да и Марко потиче из чудесног брака између Вукашина и виле).

Централно место Маркове епске биографије представљају мегдани (борбе, обрачуни), очитујући се кроз међусобне „бинарне" (парне) односе или „групе" функција. То су мотиви који претходе мегдану (спремање, полазак); његови вербализовани елементи (позив на мегдан и одговарање, вређање и претње); сцене физичког сукоба (борба оружјем, ломљење свих ратничких убојитих атрибута, рвање, призивање помагача и пружање помоћи, најчешће саветом; рањавање противника и коначни обрачун). У везу са мегданима доводе се и извесне психолошке функције као што су срџба (љутитост, бес), или страх, који се манифестује кроз поступке бекства са бојишта, упућених молби, или братимљења са противником, док су у завршном делу песама најчешћи мотиви отимања противниковог блага или харања градова и „двора".[6]

---

[6] Функција „наношења штете" у бајци представља део заплета, док се у епским песмама мотиви отимања и харања најчешће наводе у њиховим завршним сегментима.

Највећи број ликова представља Маркове противнике, а то су „реални" и митски јунаци, сродници,[7] бића различитог пола и узраста (нпр. јунак-девојка и дете-јунак), као и различита демонска чудовишта.

Заробљавање јунака везује се за мотиве борби, губљења опкладе, надметања у пијењу вина, преваре, али и за сижее песама у којима јунак полази у потрагу за својим сродницима (братом, сестром). Назначено је већ да се многе функције (као нпр. заробљавање или обрачуни) могу понављати у композиционој структури песама (бити део заплета, или расплета), при чему се мењају вршиоци радње (ликови), а ове се радње могу и паралелно одвијати. Значајан моменат представља и јунаково тамновање, често и као почетна ситуација у песмама, док битну улогу ослободилаца из тамнице имају Маркови побратими и посестриме, ликови „реалног" и митолошког света. Ослобађању претходи успостављање „духовносродствених односа", као и вербално (или писмено) упућивање позива. Марко у кругу песама са овим мотивом има улогу ослободиоца робља, побратима, љубе, цареве кћери, али и елементарних животних чинилаца (нпр. извора у гори), сакрализованих националних области и верских симбола (Косово, Света гора), чиме се указује на специфичне релације, утицаје и прожимања са многобројним прехришћанским култовима и митолошким представама, али и хришћанским и светачким личностима.

Нема много песама у којима се говори о Марковој старости (болести).[8] Старост (болест) не означава никад мотивациони елемент или узрок Маркове смрти. Ретки су и сижеи о Марковом „животу" и физичкој егзистенцији након смрти, што је више карактеристично за форму предања, односно новије записе песама који настају под њихо-

---

[7] Карактеристично је да сви ликови Маркових сродника (имајући у виду и крвно и духовно сродство) представљају његове потенцијалне, посредне или директне, противнике.

[8] Мотив Маркове болести или рањавања условљава поступке захвалних животиња које му помажу у таквим ситуацијама.

вим утицајем. Специфичан елемент, у контексту Маркове „епске" смрти, представља губљење једног од примарних обележја – снаге. Овом мотиву претходи функција јунаковог хвалисања (вербални моменат изражавања карактеристичне епске таштине), позивање Бога на мегдан, што као последицу има одузимање чудесних јунакових моћи кроз поступни процес „секуларизације" епског хероја. Маркова, пак, физичка смрт заснива се на представама под утицајем хришћанских визија о „узимању душа", али и уздизању јунакове посебности (јер Марко не може погинути ни од кога другога до Бога), одликујући се утврђеном сижејном шемом: јунаков пролазак кроз гору, Шарчево предосећање и плач, сусрет с вилом, предсказивање смрти, опраштање од живота и атрибутских обележја (коња, оружја), писање опоруке (обавештавање намерника), смрт и сахрањивање. Тематско-мотивски комплекс који обједињује и другачије представе темељи се на чисто митолошкој основи (смрт од хтоничног јунака, виле), као и на функцији Марковог обрачуна са противницима, при чему се јунакова погибија доводи и у везу са мотивом освете (Марка ће осветити његова љуба).

Сви ови чиниоци, истовремено, указују на многобројне могућности успостављања паралела и прожимања не само на плану ликова и њихових поступака (у оквиру целокупног интернационалног епског и митолошког система), већ и различитих жанровских и традиционалних модела.[9] Поезија о овом знаменитом српском, јужнословенском и балканском јунаку транспоноваће елементе средњовековних епова и романа, светачких житија (хагиографија) и легенди, историјских предања, али и усмених краћих форми кле-

---

[9] Марко је налик многим ликовима светске традиције (сумерске, источњачке, античке, скандинавске, келтске, византијске, западно и источноевропске, прехришћанске балканске и хришћанске. У том смислу, занимљива су и тумачења о прожимању и директном утицају Маркове епске легенде на руску традицију и обликовање предања о Марку Проклетом (вид. Михаил Халанскій, *Южно-славянскія сказанія о Кралевичѣ Маркѣ въ связи с произведеніями русскаго былевого эпоса*, 739).

тви, благослова, рудиментарних облика здравица, пословичких и сентенциозних израза, док ће Марков лик бити присутан и у митолошко-обредним, календарским, па и хришћанско-свечарским култовима.[10]

[10] У једном краћем лирском запису који представља варијанту песама о Марковом прослављању крсног имена (св. Николе), казује се о његовом одласку по рибу у Охрид, како би на најбољи начин угостио своје званице. Чињеница је да се ова песма и пева за Светог Николу, о чему сведочи и нотни запис уз дати текст (вид. песму бр. 165).

ДОДАТАК

РЕГИСТАР ФУНКЦИЈА[1]

БЕКСТВО

1. Вила бежи од Марка: 77, 78, 79, 80
2. Девојка бежи од Марка: 170
3. Јунак (јунаци) бежи од Марка: 14, 15, 27, 43, 64, 67, 70, 95, 96, 97, 99, 119
4. Јунакова снаха бежи од Марка: 95
5. Јунакови сватови беже од змаја: 28
6. Коњ бежи од Марка: 9
7. Љуба бежи од змије (св. Недеље): 104
8. Љуба бежи од Марка: 45
9. Мајка бежи од змије (св. Недеље): 103, 104
10. Марко бежи од виле: 6, 26, 82
11. Марко бежи од змије (св. Недеље): 103
12. Марко (и други јунаци) бежи од јунака: 40, 58, 61, 70, 105, 108, 110, 111
13. Марко (и други јунаци) бежи од јунак-девојке: 75
14. Марко бежи од љубе: 46
15. Марко бежи од кума (и других јунака): 40
16. Марко бежи од оца: 111
17. Отац бежи од змије (св. Недеље): 103
18. Сестра бежи од Марка: 19
* Цар узмиче пред Марком: 113, 122, 123

БЛАГОСИЉАЊЕ

1. Јунакова невеста благосиља Марка: 28
2. Народ благосиља Марка: 97, 102

---

[1] Вид. Напомену уз Регистар функција.

3. Орао благосиља Марка: 94
4. Цар благосиља Марка: 63, 111
* Старац (Бог) даје благослов Марку: 125
* * Цар даје благослов Марку: 24, 51

БОЛЕСТ

1. Љуба болује: 117
2. Марко болује: 34, 93, 108, 155, 156
3. Марко се претвара да болује: 56

БОРБА

1. Марко се бори са већим бројем јунака: 58, 64, 67, 86, 99, 116
2. Марко се бори са јунак-девојком: 7
3. Марко се бори са јунаком: 45, 62, 70, 71, 72, 95, 96, 98
4. Марко се бори са јунаком који му је заробио побратима: 95
5. Марко се бори са јунаком са три срца: 45, 62
6. Марко се бори са противничком војском: 64, 116
7. Марко се бори са сестрићем: 70, 71, 72
8. Марко се бори са троглавим (огњевитим) јунаком: 98

БРАТИМЉЕЊЕ

1. Вила братими Марка: 6, 11, 77, 78
2. Јунак (јунаци) братими Марка: 56, 60, 63, 70, 105
3. Јунакова љуба братими Марка: 95
4. Јунаци братиме Марковог противника: 105
5. Мајка братими кујунџију: 91
6. Марко братими гаврана: 128
7. Марко братими јунака (јунаке): 70, 91, 108, 127
8. Мртво тело „братими" Марка: 68, 86
9. Призренке девојке братиме Марка: 98
10. Птица братими Марка: 42
11. Робиње братиме Марка: 99, 100
12. Царева кћер братими Марка: 85, 96

ВИДАЊЕ

1. Вила вида Марковог побратима: 77, 78
2. Вила посестрима вида Марка: 98
3. Калуђер вида Марка: 79
4. Марко вида себи ране: 64, 115
5. Марко вида сокола: 119
6. Сестрић вида Марка: 71
* Марко се опоравља од тамновања: 62, 85, 87

ВРЕЂАЊЕ

1. Брат вређа Марка: 17
2. Вила вређа Марка: 79, 129
3. Девојка вређа Марка (и друге јунаке): 23, 167
4. Јунак (јунаци) вређа Марка: 14, 15, 17, 61, 68, 97, 98, 100, 121
5. Јунак вређа Марковог побратима: 87
6. Јунакова љуба вређа Марка: 59, 60
7. Марко вређа брата: 17
8. Марко вређа девојку: 22
9. Марко вређа јунака: 17, 27, 59, 84, 98, 121
10. Младожењина мајка вређа Марка (и друге јунаке): 27
11. Цар вређа Марка: 122

ГРАЂЕЊЕ

1. Марко гради дућане: 85
2. Марко гради задужбине: 85, 86, 150
3. Марко гради кулу: 6, 85
4. Марко гради кућу у песку: 4
5. Побратим гради кулу: 85

ДАРИВАЊЕ

1. Вила дарује Марку златну амајлију: 77
2. Вила дарује Марку оружје: 134

3. Вила дарује Марку хртове и соколове: 77
4. Девојка дарује Марку наранџу: 33
5. Девојчина мајка дарује Марку коња и накит: 69
6. Девојчин отац дарује Маркове сватове: 25
7. Девојчин отац дарује Марку (и другим сватовима) оружје: 28, 29
8. Јунак дарује Марку благо: 56, 91, 115
9. Јунак дарује Марку благо и оружје: 115
10. Јунак дарује Марку (и другим јунацима) оружје: 4, 12, 21, 28, 29, 115
11. Јунак дарује Марку новац: 41, 50
12. Јунак (јунаци) дарује Марковој љуби накит: 42, 47
13. Јунаци дарују Марковом противнику благо: 105
14. Јунаци дарују Марку девојку: 36
15. Марко дарује девојци коња и јунака: 33
16. Марко дарује девојци накит: 49
17. Марко дарује девојци новац: 97
18. Марко дарује девојчину родбину: 25
19. Марко дарује јунаковој љуби накит и птицу: 41
20. Марко дарује јунацима опрему: 43
21. Марко дарује калуђеру коња: 128
22. Марко дарује љуби благо: 91
23. Марко дарује мајци благо: 91
24. Марко дарује побратиму благо: 87
25. Марко дарује побратиму сестру: 21
26. Марко дарује сиротима одело: 109
27. Марко (и други јунаци) дарује побратиму девојку: 21, 27, 87
28. Младожења дарује Марку оружје: 4
29. Отац дарује Марку (и другим јунацима) коња и оружје: 12
30. Очев побратим дарује Марку изузетног коња: 11
31. Пашиница дарује Марку девојку: 20
32. Побратим дарује Марку благо: 56
33. Побратимова љуба дарује Марку одело: 56
34. Цар дарује Марку благо: 24, 51
35. Цар дарује Марку новац: 113, 119, 122, 123, 168, 169
36. Цареве кћери дарују Марку накит и птицу: 41

ДОСЕТЉИВОСТ

1. Вила љубовца се досети како да изнуди окриље од Марка: 26
2. Девојка се досети како да одбије Марка (и друге просце): 22
3. Јунак се досети како да намами у своје дворе Марка: 40
4. Јунак се досети како да спаси Марка: 63
5. Крчмарица се досети како да намами у крчму Марковог брата: 12, 13
6. Љуба се досети како да открије јунака: 54
7. Љуба се досети како да погуби хајдуке: 53
8. Мајка се досети како да Марко погуби јунака: 46
9. Марко се досети како да зароби вилу бродарицу: 83
10. Марко се досети како да зароби цареве одметнике: 61
11. Марко се досети како да затражи помоћ од љубе: 90
12. Марко се досети како да затражи помоћ од побратима: 88, 89
13. Марко се досети како да затражи помоћ од посестриме крчмарице: 105
14. Марко се досети како да казни ковача: 62
15. Марко се досети како да казни охолу и злу жену: 23, 117
16. Марко се досети како да натера јунаке у бекство: 67
17. Марко се досети како да освоји противнички град: 115, 116
18. Марко се досети како да се ослободи: 19
19. Мајка се досети како да ослободи Марка из тамнице: 91
20. Марко се досети како да открије војсци своје намере: 84
21. Марко се досети како да погуби аждаху: 84
22. Марко се досети како да погуби вилу бродарицу: 82
23. Марко се досети како да погуби јунака: 30, 45
24. Марко се досети како да погуби јунак-девојку: 74, 76
25. Марко се досети како да погуби хајдучког харамбашу: 45
26. Марко се досети како да погуби џина: 29
27. Невеста се досети како да открије неверство Марковог кума: 25
28. Побратим се досети како да пробуди Марка: 121
29. Слуга се досети како да украде коња Марку: 10

ДОЧЕКИВАЊЕ

1. Брат дочекује Марка: 49
2. Девојчин отац дочекује Марка (и друге сватове): 27, 28, 29
3. Девојчин отац дочекује Маркове сватове: 21, 25
4. Девојчина мајка дочекује Марка (и друге просце): 22
5. Јунак-девојка дочекује Марка (и друге јунаке): 76
6. Крчмарица дочекује Марка: 12, 13
7. Крчмарица дочекује Марковог брата: 12, 13
8. Љуба дочекује Марка: 46
9. Мајка дочекује Марка: 19, 20, 24, 25, 26, 46
10. Марко дочекује брата: 11
11. Марко дочекује побратима (побратиме): 24, 95
12. Младожења дочекује Марка (и друге сватове): 4, 30
13. Побратим дочекује Марка: 23
14. Цар дочекује Марка: 111

ЖАЛОСТ

1. Девојка жали за Марком: 37
2. Звезда Вечерница жали за Марком: 125
3. Калуђер (и јунаци) жали за Марком: 128, 130
4. Коњ жали за Марком: 128, 130
5. Љуба жали за Марком: 92
6. Мајка жали за кћерком (Марковом сестром): 19
7. Мајка жали за Марком: 48, 91, 92
8. Марко жали за братом: 12
9. Марко жали за изгубљеном снагом: 125
10. Марко жали за животом: 130
11. Марко жали за кумом: 118
12. Марко жали за лулом: 65
13. Марко жали за мајком: 91
14. Марко жали за Светом гором: 108
15. Марко жали што је погубио бољега јунака од себе: 62
16. Марко жали што мора да погуби јунака: 63
17. Побратим (побратими) жали за Марком: 61, 85
18. Сестра жали за Марком: 92

ЖЕНИДБА

1. Јунак се жени Марковом љубом: 46, 50, 115
2. Мајка жени Марка: 51, 117
3. Марко жени сестрића: 31
4. Марко жени сина (у пеленама): 32
5. Марко се жени вилом: 26
6. Марко се жени девојком: 3, 21, 24, 25, 51, 117, 125
7. Марко се жени сестром (у незнању): 21, 140
8. Марко се жени царевом кћери: 24
9. Отац жени Марка: 3
10. Отац се жени вилом: 2, 3
* Марко удаје сестру: 21, 26
** Марко венчава јунака својом љубом: 115

ЗАБРАНА

1. Вила забрањује Марку да разапне шатор: 80
2. Виле забрањују јунацима да певају кроз гору: 77, 78
3. Виле забрањују јунацима да пролазе кроз гору: 77
4. Змија (св. Недеља) забрањује Марку да лови недељом: 103, 104
5. Јунак забрањује другим јунацима да прођу друмовима: 61, 62
6. Коњ забрањује другим јунацима да га јашу: 87
7. Цар забрањује да се крше верски закони: 123, 168, 169
8. Цар забрањује јунацима да напусте град: 121

ЗАКЛИЊАЊЕ

1. Мајка заклиње змију да избави, или усмрти Марка: 91
2. Мајка заклиње књигоношу да преда Марку кутију од злата: 91
3. Мајка заклиње Марка да не вади оружје без потребе: 121, 122
4. Мајка заклиње Марка да не носи оружје у цркву: 102
5. Мајка заклиње Марка да не пресуди криво: 111

6. Мајка заклиње Марка да не чини крв на крсно име: 106
7. Марко (и други јунаци) се криво заклиње: 38, 75, 86
8. Марко се заклиње да није обљубио сестру: 20
9. Побратим се заклиње да није заборавио Марка: 91

ЗАРИЦАЊЕ

1. Вила посестрима се зариче да ће Марку помоћи у невољи: 62, 98
2. Вила посестрима се зариче да ће Марку пронаћи изузетног коња: 11
3. Јунак се зариче да неће пустити Марка из тамнице: 87
4. Јунак се зариче да ће довести Марка цару: 122
5. Јунак се зариче да ће затворити цареве друмове: 62
6. Јунак се зариче да ће окитити кулу Марковом главом: 59
7. Јунак се зариче да ће погубити Марка (и друге јунаке): 59, 60, 96, 105, 170
8. Марко и други јунаци се заричу да ће један другоме помоћи у невољи: 58, 110
9. Марко се зариче да се неће раставити с коњем: 130
10. Марко се зариче да ће бранити веру и сиротињу: 11
11. Марко се зариче да ће вили посестрими помоћи у невољи: 98
12. Марко се зариче да ће избавити побратима из тамнице: 95
13. Марко се зариче да ће извадити гаврану очи: 128
14. Марко се зариче да ће излечити побратима: 77
15. Марко се зариче да ће нахранити и напојити сабљу: 120
16. Марко се зариче да ће обљубити туђу жену: 40, 89
17. Марко се зариче да ће обљубити царицу: 89
18. Марко се зариче да ће окитити град турским главама: 106
19. Марко се зариче да ће осветити косовске јунаке: 97
20. Марко се зариче да ће осветити оца: 11
21. Марко се зариче да ће ослободити цареву кћер: 96
22. Марко се зариче да ће пазити св. Недељу и љубу: 103
23. Марко се зариче да ће погубити вука: 128
24. Марко се зариче да ће погубити цара: 89
25. Марко се зариче да ће пронаћи сестру: 19

26. Марко се зариче да ће се осветити јунаку (јунацима): 11, 84, 97
27. Побратим се зариче да ће ослободити Марка из тамнице: 85, 87
28. Сестрић се зариче да неће гледати у девојку: 31
29. Цар се зариче да ће осветити Марка: 63

ЗАРОБЉАВАЊЕ

1. Јунак-девојка заробљава Марка (и друге јунаке) и баца га у тамницу: 76
2. Јунак заробљава Марка и баца га у тамницу: 84, 91
3. Јунак заробљава Маркове побратиме: 58, 61, 95
4. Јунак заробљава Маркове побратиме и баца их у тамницу: 95
5. Јунак заробљава Маркову љубу: 115, 116
6. Јунак (јунаци) заробљава Марка: 5, 53, 54, 71, 84, 86, 87, 88, 89, 90, 91, 105
7. Јунаци заробљавају Марковог брата: 14, 16, 21
8. Јунаци заробљавају Марковог сестрића: 70
9. Јунаци заробљавају Маркову сестру: 18, 19, 20, 21
10. Марко заробљава вилу бродарицу: 83
11. Марко заробљава Звезду Вечерницу и баца је у тамницу: 127
12. Марко заробљава јунаке и баца их у тамницу: 61, 95
13. Марко заробљава противничку војску: 115
14. Марко (и други јунаци) заробљава јунака (јунаке): 58, 61, 64, 84, 95, 105, 115
15. Побратим заробљава Марка: 54, 88
16. Сестра заробљава Марка: 19
17. Цар заробљава Марка и баца га у тамницу: 62, 85, 89

ЗАХВАЉИВАЊЕ

1. Девојка захваљује Марку на дару: 33
2. Јунаци захваљују Марку што их је спасао: 28
3. Побратим захваљује Марку што га је ослободио: 61

ИГРАЊЕ

1. Вила љубовца игра коло: 26
2. Јунак-девојка игра коло: 76
3. Марко игра коло: 123, 168
4. Марко игра „ситно калуђерски": 115, 116
5. Сватови играју коло: 22, 26, 27

ИСПОВЕДАЊЕ

1. Калуђер исповеда Марка: 128
2. Марко „исповеда" љубу: 52
3. Марко „исповеда" мајку: 52

ИСПРАЋАЊЕ

1. Девојчин отац испраћа Марка (и друге сватове): 31
2. Девојчина мајка испраћа Марка (и друге сватове): 69
3. Љуба испраћа Марка: 52
4. Марко испраћа брата: 10
5. Марко испраћа мајку: 167
6. Побратим испраћа Марка: 56

ЈЕДЕЊЕ

1. Марко (и други јунаци) једе грожђе: 58
2. Марко (и други јунаци) једе месо: 4, 36, 45, 62, 85
3. Марко (и други јунаци) једе шећер: 31, 111
4. Марко једе затровано јело: 19
5. Марко једе са мајком: 16, 19, 21, 25, 43, 52, 53, 66, 67, 68, 69, 73, 76, 99, 115, 116, 127
6. Марко једе са мајком и љубом: 52, 127
7. Марко једе са мајком хлеб: 21, 66, 67, 76, 99, 115
* Марко пости девет година: 101

КАЖЊАВАЊЕ

1. Бог кажњава Марка: 125
2. Вила кажњава Марка: 79
3. Вила кажњава Марковог побратима: 77, 78
4. Марко (и други јунаци) кажњава охолу и злу жену: 23, 27, 59, 60, 117, 118
5. Марко (и други јунаци) кажњава (смрћу) охолу и злу жену: 27, 118
6. Марко кажњава вилу: 77, 78, 79, 80
7. Марко кажњава ковача: 62
8. Марко кажњава неверну љубу: 42, 43, 44, 45, 46, 47, 48, 148, 149
9. Марко кажњава јунакове сватове кукавице: 4
10. Марко кажњава (смрћу) крчмарицу: 12, 13, 84
11. Марко кажњава (смрћу) мајку: 137
12. Марко кажњава (смрћу) неверну љубу: 42, 44, 45, 46, 48, 148, 149
13. Марко кажњава (смрћу) неверну посестриму: 13
14. Марко кажњава (смрћу) неверну сестру: 19
15. Марко кажњава цара: 5

КАЈАЊЕ

1. Марко се каје што је погубио бољега јунака од себе: 62
2. Марко се каје што је погубио девојку: 86
3. Марко се каје што је погубио (у незнању) побратима: 85
4. Марко се каје што је позивао Бога на мегдан: 125
5. Марко се каје што шаље брата у опасност: 11
6. Отац се каје мислећи да је погубио Марка: 111
7. Цар се каје мислећи да је погубио Марка: 63

КЛЕВЕТАЊЕ

1. Јунак (јунаци) клевеће Марка цару: 63, 64, 115
2. Мајка клевеће снаху Марку: 52
3. Отац клевеће Марка царици: 112

4. Отац клевеће Марка цару: 144
* Јунаци туже Марка цару: 121, 122, 123

КУНИДБА

1. Вила посестрима куне Марка: 6
2. Јунак (јунаци) куне Марка: 35, 73, 106, 111, 116, 169
3. Љуба куне своје и Маркове синове: 45
4. Мајка куне Марка: 38, 68
5. Марко куне вилу: 62, 78, 130
6. Марко куне гору: 81, 82, 83, 129
7. Марко куне јунака (јунаке): 98, 111, 121, 122
8. Марко куне мајку: 102
9. Марко куне оца и стричеве: 111
10. Марко куне посестриму: 62
11. Марко куне цара: 108
12. Мртва глава „куне" Марка: 28
13. Отац куне Марка: 111
14. Побратим куне Марка: 169
15. Пударуша куне Маркову љубу: 117
16. Снаха куне Марка: 32
17. Царева кћер куне Марка: 96

КУПОВИНА

1. Јунак купује Маркову љубу: 50
2. Марко купује изузетног коња: 10
3. Марко купује изузетно оружје: 7
4. Марко купује оружје: 7, 62

КУШАЊЕ

1. Мајка куша Марка у тамници: 91
2. Марко куша девојчину љубав: 37
3. Марко куша љубу: 43, 44, 51, 52, 54
4. Марко куша снагу: 6, 62, 125
* Марко огледа оружје: 21, 62

ЛОВ

1. Марко (и други јунаци) безуспешно лови: 3, 26, 74, 103, 104, 119
2. Марко (и други јунаци) лови: 2, 3, 26, 74, 103, 104, 119
3. Марко „уловио" вилу: 26, 77, 78, 79, 80
4. Марко „уловио" змију (св. Недељу): 103, 104
5. Марко уловио утву златокрилу: 119
6. Отац безуспешно лови: 3
7. Отац лови: 2, 3
8. Отац „уловио" вилу: 2

ЛОМЉЕЊЕ

1. Јунак-девојка ломи оружје: 74
2. Јунаци ломе врата од Маркових двора: 106
3. Марко (и други јунаци) ломи оружје: 36, 62, 74, 98, 122, 125, 130
4. Марко ломи врата од града: 64
5. Марко ломи грану од бадема: 35
6. Марко ломи јунаку виноград: 58
7. Марко ломи кулу: 6
8. Марко ломи лулу: 65
9. Марко ломи прсте: 92
10. Марко ломи руже: 129
11. Побратим ломи врата од града: 87
12. Побратим ломи врата од Маркове тамнице: 87
13. Побратим ломи јунаку виноград: 58

ЉУБЉЕЊЕ

1. Вила (виле) љуби Марка: 77, 98
2. Вила љуби Марковог побратима: 77
3. Девојка љуби Марка (и друге просце): 24
4. Јунак (јунаци) љуби Маркову љубу: 42, 43
5. Љуба љуби другога јунака (јунаке): 44, 47
6. Марко љуби девојку: 38
7. Марко љуби јунака (противника): 99

8. Марко љуби коња: 11, 63, 78
9. Марко љуби љубу: 52
10. Марко љуби мајку: 24, 25, 91
11. Марко љуби туђу жену: 41, 89
12. Марко љуби удовицу: 39
13. Марко љуби цара: 169
14. Марко љуби царицу: 89
15. Марко се љуби са братом: 11
16. Марко се љуби са девојчиним оцем: 25
17. Марко се љуби са мајком: 24, 25
18. Марко се љуби са побратимом: 23, 24, 60
19. Марко се љуби са сестром: 21
20. Марко се љуби са царем: 111
21. Младожења љуби Марка: 27
22. Младожења љуби Марковог коња: 27
23. Побратим (побратими) љуби Марка: 23, 24, 56, 60, 95
24. Сестрић љуби Марка: 31
25. Цар љуби Марка: 63, 111

ЉУТЊА

1. Јунак се наљути на Марка јер га вређа: 98
2. Јунак се наљути на Марка јер је поломио грану од бадема: 35
3. Јунак се наљути на Марка јер му је истукао телад: 4
4. Јунак се наљути на Марка јер тражи да ослободи робље: 99
5. Јунак се наљути на Марковог коња јер му не да да уђе у крчму: 59
6. Марко се наљути јер не дају јунаковим сватовима девојку: 30
7. Марко се наљути јер не може да подигне торбу са Земљом: 125
8. Марко се наљути на брата јер га туче: 6
9. Марко се наљути на брата јер не могу да поделе плен: 17
10. Марко се наљути на вилу јер му је ранила побратима: 77
11. Марко се наљути на девојку јер га вређа: 23
12. Марко се наљути на девојку јер је изабрала другог просца: 22
13. Марко се наљути на јунака јер води робље кроз гору: 101

14. Марко се наљути на јунака јер је бољи од њега у надметању: 73
15. Марко се наљути на јунака јер је наметнуо зулум на Косову: 97
16. Марко се наљути на јунака јер му је заробио побратиме: 58, 61
17. Марко се наљути на јунака јер му је просуо вино: 59
18. Марко се наљути на јунака јер му је ранио сокола: 119
19. Марко се наљути на јунака јер неће да му се уклони са пута: 72
20. Марко се наљути на јунаке јер су му оборили шатор: 100, 121
21. Марко се наљути на јунака (јунаке) јер га вређа: 68, 121
22. Марко се наљути на калуђере и јунаке јер га коре: 102
23. Марко се наљути на љубу јер му служи полупразну чашу: 46
24. Марко се наљути на оца јер га клевеће: 112
25. Марко се наљути на побратима јер не сме да пева кроз гору: 77
26. Марко се наљути на цара: 5, 113, 119, 123
27. Марко се наљути на царевог гласника јер га зове цару на диван: 123
28. Отац се наљути на Марка јер му није пресудио царство: 111

МОЛБА

1. Брат моли Марка да не каже истину мајци: 17
2. Вила бродарица моли Марка да је ослободи: 83
3. Вила моли Марка да је не погуби: 78
4. Вила љубовца моли Маркову сестру да изнуди од Марка њено окриље: 26
5. Јунак моли Марка да га не погуби: 5, 56, 63, 70
6. Јунак моли Марка да га узме за слугу: 10
7. Јунакова невеста моли Марка да је не да јунаку-отимачу: 28
8. Јунаци моле Марка да погуби противника: 105
9. Јунаци моле Марковог противника да га не погуби: 105
10. Љуба моли змију (св. Недељу) да не погуби Марка: 103
11. Љуба моли Марка да је не погуби: 42, 44, 45

12. Љуба моли Марковог брата да је пусти у гору: 49
13. Мајка моли Марка да послуша њен савет: 5
14. Марко моли Звезду Вечерницу да му открије има ли бољег јунака од њега: 73
15. Марко моли јунака да ослободи робљу руке: 102
16. Марко моли јунака (јунаке) да му ослободи руке: 88, 90
17. Марко моли калуђера да га исповеди: 128
18. Марко моли калуђера (кума) да му извида ране: 79
19. Марко моли коња да сустигне вилу: 78
20. Марко моли посестриму крачмарицу да га ослободи из тамнице: 84
21. Марко моли сестрића да га не погуби: 70
22. Марко моли цара да му врати коња и оружје: 63
23. Марко моли цара да му да јунаке да се обрачуна са противником: 116
24. Марко моли цара да му дозволи да прослави крсно име: 115
25. Мртва глава „моли" Марка да је не остави: 86
26. Мртво тело „моли" Марка да га не погуби: 68
27. Робиња (робиње) моли Марка да је ослободи: 99, 100
28. Сестра моли змију (св. Недељу) да не погуби Марка: 104
29. Цар моли Марка да га не погуби: 89
30. Цар моли Марка да му ослободи кћер: 96
31. Цар моли Марка да спаси њега и његову војску: 64, 115
32. Царева кћер моли Марка да је ослободи: 96
33. Царица моли Марка да јој ослободи кћер: 96
34. Царица моли Марка да не напушта царство: 112

МОЛИТВА

1. Марко се моли Богу да му противници не дођу на крсно име: 106
2. Марко се моли Богу да му увек буде у помоћи: 11
3. Марко се моли Богу да не изгуби на мегдану од јунак-девојке: 74
4. Марко се моли Богу („српски") у џамији: 16

НАГОВАРАЊЕ

1. Бака наговара Марка да освети сестру: 19
2. Вила наговара Марковог сокола да јој врати окриље: 26
3. Девојка наговара Марка да је узме за љубу: 49, 74, 85
4. Јунак-девојка наговара Марка да је узме за љубу: 74
5. Јунак наговара Маркову љубу да га погуби: 45
6. Јунак наговара цара да погуби Марка: 63
7. Јунаци наговарају Маркову мајку да откупи Марка из тамнице: 91
8. Крчмарица наговара Марка да уђе у крчму: 12, 13
9. Крчмарица наговара Марковог брата да уђе у крчму: 12, 13
10. Кум наговара девера да му допусти да обљуби Маркову невесту: 25
11. Кум наговара Маркову невесту да допусти да је обљуби: 25
12. Љуба наговара Маркову мајку да га откупи из тамнице: 91
13. Мајка наговара Марка да се жени: 25
14. Марко наговара љубу да допусти да је обљуби: 52
15. Марко наговара брата да му погуби љубу: 49
16. Марко наговара брата да отму благо: 14
17. Марко наговара љубу да пева кроз гору: 45, 53
18. Марко наговара очевог побратима да му дарује, или прода изузетног коња: 11
19. Марко наговара побратима да задржи вилу: 77
20. Марко наговара побратима да иду међу виле: 77
21. Марко наговара побратима да изађе јунаку на мегдан: 61
22. Марко наговара побратима да пева кроз гору: 77, 78
23. Марко наговара побратиме да беже: 58
24. Марко наговара сокола да украде вили окриље: 26
25. Отац наговара царицу да отера његовог сина Марка: 112
26. Побратим наговара Марка (и друге јунаке) да беже: 61
27. Сестрић наговара Марка да нападну противнике: 71
28. Стричеви наговарају Марка да пресуди да је на њима царство: 111

НАГРАЂИВАЊЕ

1. Вила награђује Марка снагом: 5, 6
2. Виле награђују Марка златном амајлијом: 98

3. Марко награђује гаврана храном: 128
4. Цар награђује Марка благом: 62, 64, 85, 96
5. Цар награђује Марка вином: 85
6. Цар награђује Марка градовима: 145
7. Цар награђује Марка новцем: 115
8. Царева кћер награђује Марка златним бошчалуцима и златном синијом: 96
9. Царева кћер награђује Марка оружјем: 96
10. Царева кћер награђује Марка царевим писмом да га нико не сме погубити: 96

НАДМЕТАЊЕ

1. Марко се надмеће са братом у издржљивости: 12, 13
2. Марко се надмеће са братом у обрачунавању са противницима: 14
3. Марко се надмеће са јунаком у бацању камена: 73, 127
4. Марко се надмеће са јунаком у стрељању: 56

НАЗДРАВЉАЊЕ

1. Девојчин отац наздравља Марку: 31
2. Девојчина мајка наздравља Марку: 27
3. Јунак наздравља Марку: 31, 71, 72, 77, 105
4. Марко наздравља брату: 51
5. Марко наздравља девојчиној мајци: 27
6. Марко наздравља девојчином оцу: 31
7. Марко наздравља јунаку: 27, 31, 77, 105
8. Марко наздравља љуби: 51
9. Марко наздравља побратиму: 77
10. Побратим наздравља Марку: 77
11. Сестрић наздравља Марку: 71, 72

ОБЕЋАВАЊЕ

1. Вила обећава Марковом соколу да ће га наградити: 26
2. Вила обећава Марку да ће му извидати побратима: 77
3. Девојка обећава Марку да ће му бити љуба: 24

4. Јунак обећава награду ономе ко му добави Марковог коња: 10

5. Јунак обећава цару да ће га даривати ако погуби Марка: 63

6. Марко обећава гаврану да ће га наградити: 128

7. Марко обећава да ће даривати онога ко га сахрани: 130

8. Марко обећава да ће даривати цркву и убоге: 130

9. Марко обећава девојци да ће је узети за љубу: 49

10. Марко обећава коњу да се неће од њега растављати: 11

11. Марко обећава коњу да ће га наградити: 78

12. Марко обећава крчмарици да ће је наградити: 84

13. Марко обећава куми да ће је даривати: 40

14. Марко обећава љуби да ће је даривати: 52

15. Марко обећава побратиму да ће му помоћи на мегдану: 61

16. Марко обећава сестри да ће је удати: 23

17. Марко обећава соколу да ће га наградити: 26

18. Отац обећава Марку да ће га наградити: 111

19. Посестрима крчмарица обећава Марку да ће му помоћи у тамници: 84

20. Сестра обећава змији (св. Недељи) да ће је наградити: 104

21. Слуга обећава јунаку да ће му добавити Марковог коња: 10

22. Стричеви обећавају Марку да ће га наградити: 111

23. Цар обећава Марку да ће га даривати: 115, 116

24. Цар обећава Марку да ће га наградити: 62, 85, 96, 116

25. Цар обећава да ће наградити онога ко зароби јунак-девојку: 18

26. Цар обећава да ће наградити онога ко му доведе живог Марка: 62, 85

27. Цар обећава да ће наградити онога ко му погуби противника: 85, 96

28. Царева кћер обећава Марку да ће га наградити: 96

29. Царица обећава Марку да ће га наградити: 96

ОБРАЧУН

1. Брат се обрачунава са Марком: 139

2. Вила се обрачунава са Марковим коњем: 80

3. Вила се обрачунава са Марковим побратимом: 110

4. Вила се обрачунава са Марком: 127

5. Змија се обрачунава са Марком: 127
6. Јунак-девојка се обрачунава са Марком: 128
7. Јунак-девојка (сестра) се обрачунава са царевим заточницима: 18
8. Јунак се обрачунава са Марком: 158, 159
9. Јунаци се обрачунавају са Марковим братом: 12, 13
10. Љуба се обрачунава са хајдуцима: 53
11. Марко (и други јунаци) се обрачунава са већим бројем јунака: 5, 6, 12, 13, 14, 15, 17, 19, 24, 25, 27, 45, 54, 64, 67, 90, 95, 96, 97, 100, 115, 116, 119, 121, 122, 124
12. Марко (и други јунаци) се обрачунава са неверним слугом: 10
13. Марко (и други јунаци) се обрачунава са сватовима: 24, 25, 27, 96
14. Марко се обрачунава први пут са противником: 4, 6, 66, 99
15. Марко се обрачунава са аждахом: 84
16. Марко се обрачунава са братом: 17
17. Марко се обрачунава са вилом (бродарицом): 81, 82, 83, 153, 154
18. Марко се обрачунава са девојком: 75, 76, 86
19. Марко се обрачунава са девојчиним оцем: 30
20. Марко се обрачунава са дететом-јунаком: 73, 151
21. Марко се обрачунава са змајем: 4, 28, 69
22. Марко се обрачунава са јунак-девојком: 75, 76
23. Марко се обрачунава са јунаком који личи на њега: 63
24. Марко се обрачунава са јунаком који му је отео сестру: 19
25. Марко се обрачунава са јунаком који му је похарао дворе: 46, 115, 116
26 Марко се обрачунава са јунаком који позива цара на мегдан: 62, 63, 85, 96
27. Марко се обрачунава са јунаком на празник: 101, 102, 105
28. Марко се обрачунава са јунаком са више срца: 45, 62, 127
29. Марко се обрачунава са каменитим јунаком: 116
30. Марко се обрачунава са косовским зулумћарем: 97
31. Марко се обрачунава са љубавником своје љубе: 43
32. Марко се обрачунава са неверним кумом и девером: 25
33. Марко се обрачунава са огњевитим јунаком: 28, 98
34. Марко се обрачунава са оцом: 90
35. Марко се обрачунава са побратимом: 25, 54, 85, 127

36. Марко се обрачунава са противничком војском: 64, 115, 116

37. Марко се обрачунава са сестрићем: 71, 72

38. Марко се обрачунава са троглавим противником: 4, 69, 98

39. Марко се обрачунава са убицом (убицама) свога брата: 12, 13

40. Марко се обрачунава са убицом свога оца: 15, 113, 114

41. Марко се обрачунава са хајдучким харамбашом: 12, 45

42. Марко се обрачунава са хвалисавим јунаком: 59, 60, 170

43. Марко се обрачунава са царевим одметником: 61, 62, 169

44. Марко се обрачунава са царем: 89, 146

45. Марко се обрачунава са џином: 29, 108

46. Побратим (побратими) се обрачунава са Марковим противником: 87, 88

47. Син се обрачунава са Марковим противником: 155

* Марко пред смрт погубљује коња: 130

** Марко пред смрт погубљује љубу и мајку: 157

ОДГОВАРАЊЕ

1. Вила одговара Марка од намере да закоље коња: 81

2. Девер одговара кума од намере да обљуби Маркову невесту: 25

3. Девојчин брат одговара Марка од просидбе: 23

4. Јунак одговара Марка од мегдана: 27, 62

5. Јунаци одговарају Маркову мајку од намере да га откупи из тамнице: 91

6. Коњ одговара Марка од намере да га прода: 50

7. Невеста одговара Марковог кума од намере да је обљуби: 25

8. Љуба одговара Марка од мегдана: 55

9. Љуба одговара Марка од намере да је обљуби: 52

10. Мајка одговара Марка од намере да иде да тражи сестру: 19

11. Мајка одговара Марка од намере да је прода: 50

12. Марко одговара брата од мегдана: 12, 13, 14

13. Марко одговара брата од намере да закоље коња: 12, 13

14. Марко одговара побратима од намере да ломи јунаков виноград: 58
15. Марко одговара јунака од мегдана: 12, 13, 14, 98
16. Марко одговара јунака од надметања: 56
17. Марко одговара побратима од бекства: 61
18. Побратим одговара Марка од мегдана: 27
19. Побратим одговара Марка од намере да иду међу виле: 77
20. Побратими одговарају Марка од бекства: 58
21. Цар одговара Марка од намере да нападне противнички град: 116
* Побратим спречава Марка да погуби јунака: 23

ОКУМЉИВАЊЕ

1. Девојка окумљује Марка: 22
2. Јунак окумљује Марка: 27, 40, 51, 115, 118
3. Марко окумљује јунака: 21, 25

ОПКЛАДА

1. Марко се клади са братом ко је издржљивији у пићу: 16
2. Марко се клади са јунацима ко ће пре обићи земљу: 55
3. Побратим се клади са Марком да ће му преварити љубу: 54
4. Побратим се клади са Марком ко је издржљивији у пићу: 88

ОПРАШТАЊЕ

1. Брат се опрашта од Марка: 11, 17
2. Вила љубовца се опрашта од Марка: 26
3. Марко се опрашта од двора: 48
4. Марко се опрашта од живота: 130
5. Марко се опрашта од јаблана и гаврана: 48
6. Марко се опрашта од јунака: 58
7. Марко се опрашта од љубе: 42, 51

ОСВЕТА

1. Љуба свети Марка: 158
2. Марко свети брата: 12, 13
3. Марко свети љубу: 117
4. Марко свети коња: 8
5. Марко свети косовске јунаке: 97
6. Марко свети кума: 118
7. Марко свети мајку: 115
8. Марко свети оца: 15, 113, 114
9. Марко свети похаране дворе: 46, 115, 116
10. Марко свети сокола: 119
11. Цар свети Марка: 63

ОСЛОБАЂАЊЕ

1. Девојка ослобаћа Марка из тамнице: 84, 85, 86
2. Љуба ослобаћа Марка: 53, 103
3. Мајка ослобаћа Марка из тамнице: 91
4. Марко ослобаћа брата: 14
5. Марко ослобаћа Звезду Вечерницу из тамнице: 127
6. Марко ослобаћа Косово од зулумћара: 97
7. Марко ослобаћа љубу: 115
8. Марко ослобаћа побратиме: 58, 61, 95
9. Марко ослобаћа побратиме из тамнице: 95
10. Марко ослобаћа посестриме виле: 98
11. Марко ослобаћа робље: 4, 91, 99, 100, 101, 102
12. Марко ослобаћа робље из тамнице: 91
13. Марко ослобаћа цара: 169
14. Марко ослобаћа цареву кћер: 96
15. Марко се ослобаћа сам: 54, 76, 90
16. Марко се ослобаћа сам из тамнице: 76
17. Побратим ослобаћа Марка из тамнице: 87
18. Побратим (побратими) ослобаћа Марка: 87, 88, 89
19. Посестрима крчмарица ослобаћа Марка: 84, 105
20. Посестрима крчмарица ослобаћа Марка из тамнице: 84
21. Сестра ослобаћа Марка: 104
22. Сестрић ослобаћа Марка: 71
23. Царева кћер ослобаћа Марка из тамнице: 85

ОТИМАЊЕ

1. Звер отима јунаковим сватовима дарове: 4
2. Јунак отима Марку благо: 115
3. Јунак отима Марку девојку: 24
4. Јунак отима Марку оружје: 46, 115
5. Јунак отима Марку „чашу" за вино: 46
6. Марко (и други јунаци) отима другима благо: 14, 19, 59, 60, 67, 74, 84, 87, 97, 108, 115, 122, 124
7. Марко (и други јунаци) отима другим јунацима коње: 14, 17
8. Марко (и други јунаци) отима сватовима невесту: 24, 27, 96
9. Марко отима вили новац: 79
10. Марко отима јунаковој љуби накит: 59, 60
11. Марко отима јунаку одело: 29
12. Марко отима јунаку стоку: 46
13. Марко отима јунацима новац: 106
14. Марко отима крчмарици вино: 84
15. Марко отима царево благо: 122
16. Отац и стричеви се отимају о царство: 111
17. Турци отимају Марку краљевину: 11
18. Џин отима јунаковим сватовима дарове: 29
* Марко осваја (на мегдану) противничко оружје: 6, 8, 59, 67, 113, 114
** Марко осваја противничке градове: 64, 115, 116

ОТКРИВАЊЕ

1. Брат открива Марковој љуби да је мора погубити: 49
2. Брат открива Марку да му је љуба породила чедо: 49
3. Вила открива Марку где има воде у гори: 81, 82, 130
4. Вила открива Марку да је погубио противника: 61
5. Вила открива Марку какав је противник: 116
6. Вила посестрима открива Марку од кога ће умрети: 130
7. Глас из горе „открива" Марку где има воде у гори: 129
8. Гора „открива" Марку где има воде: 83
9. Девојка открива Марку шта је научило мудрости: 22
10. Девојка открива цару Маркову намеру: 89

11. Звезда Вечерница открива Марку бољег јунака: 72, 73, 127
12. Јунак открива Марку како је задобио сабљу: 113, 114
13. Јунаци откривају Марку да му је слуга украо коња: 10
14. Коњ открива Марку где је сакривено оружје: 101
15. Коњ се открива Марку: 9
16. Крчмарица открива Марку превару: 84
17. Љуба открива Марку своје љубавнике: 47
18. Љуба открива превару: 54
19. Љуба се открива Марку: 54
20. Мајка открива Марку да га љуба куне: 48
21. Мајка открива Марку да има сестру: 19
22. Мајка открива Марку љубино неверство: 43
23. Марко открива јунаковој љуби откуд му дарови: 41
24. Марко открива побратиму разлог доласка: 23
25. Марко се открива вили: 6
26. Марко се открива девојци: 18, 37, 96
27. Марко се открива јунаку: 4, 5, 71, 72, 105, 116
28. Марко се открива коњу: 9
29. Марко се открива љуби: 51, 52
30. Марко се открива оцу: 4
31. Марко се открива сестри: 18
32. Марко се открива сестрићу: 71, 72
33. Марко се открива царевој кћери: 96
34. Невеста открива Марку кумово и деверово неверство: 25
35. Невеста се открива Марку: 21
36. Отац се открива Марку: 4
37. Посестрима открива Марку где да пронађе понуде за љубу: 117
38. Птица открива Марку љубино неверство: 42
39. Птице откривају могућност родоскврнућа: 20
40. Св. Недеља се открива Марковој сестри: 104
41. Сестра открива Марку љубино неверство: 44
42. Сестра се открива Марку: 18, 21
43. Сестрић се открива Марку: 70, 71, 72
44. Слуге откривају јунаку Маркову намеру: 40   ∘
45. Чобанин открива Марку да је вода затрована: 82

ПЕВАЊЕ

1. Вила пева кроз гору: 78
2. Јунакови сватови певају кроз гору: 27
3. Љуба пева кроз гору: 45, 53
4. Марко пева кроз гору: 13, 29, 38, 53, 72, 81, 89, 115, 118, 129
5. Марко пева кроз град: 59
6. Побратим пева кроз гору: 77, 78, 121
7. Сестрић пева кроз гору: 72
8. Слуга пева кроз гору: 10
* Јунак свира тамбуру: 70, 72, 98, 121, 122
** Марко свира фрулу: 89

ПИЈЕЊЕ

1. Љуба пије вино: 47, 51
2. Коњ пије вино: 12, 23, 55, 57, 60, 85, 95, 96
3. Коњ пије воду: 10, 55, 81, 82
4. Марко (и други јунаци) пије вино: 4, 12, 13, 16, 19, 21, 23, 24, 25, 26, 27, 28, 30, 31, 36, 45, 46, 50, 51, 54, 57, 58, 59, 60, 61, 62, 64, 67, 69, 71, 72, 73, 75, 76, 77, 79, 84, 85, 87, 88, 95, 96, 98, 99, 100, 105, 106, 113, 115, 116, 123, 124, 128, 144, 168, 169
5. Марко (и други јунаци) пије вино са јунак-девојком: 76
6. Марко (и други јунаци) пије ракију: 4, 19, 24, 31, 45, 51, 60, 62
7. Марко пије вино са братом: 13, 16
8. Марко пије вино са дететом-јунаком: 73
9. Марко пије вино са мајком: 16, 21, 67, 69, 75, 76, 99, 115, 124
10. Марко пије вино са оцем: 4
11. Марко пије вино са побратимом (побратимима): 23, 24, 27, 54, 58, 60, 61, 77, 87, 88, 115, 169
12. Марко пије вино са сестрићем: 31, 71, 72
13. Марко пије воду: 81, 82, 83, 129
14. Марко пије затровано вино: 19, 84
15. Марко пије затровано вино и ракију: 19
16. Марков син (дете) пије вино: 46
17. Противник пије затровано вино: 105
18. Сватови пију вино: 4, 25, 27, 28, 30
* Марко нагони хоџе и кадије да пију вино: 123

ПИСАЊЕ

1. Јунак (јунаци) пише Марку: 29, 30, 53, 59, 85, 95
2. Јунак пише Марку (и другим сватовима): 29, 30
3. Јунакова љуба пише Марку: 95
4. Љуба пише Марку: 46
5. Мајка пише Марковом побратиму: 85
6. Мајка пише Марку: 46
7. Марко (и други јунаци) пише цару: 24
8. Марко на самрти пише путницима-намерницима: 130
9. Марко пише јунаку: 11, 24, 25, 53, 69, 87, 88, 95
10. Марко пише јунаковој љуби: 95
11. Марко пише калуђеру: 79, 128
12. Марко пише љуби: 46, 90, 91
13. Марко пише мајци и љуби: 91
14. Марко пише очевом побратиму: 11
15. Марко пише побратиму: 24, 25, 87, 88
16. Побратим пише Марку: 59, 85, 95
17. Цар пише Марку: 115, 116, 169
18. Царева кћер пише Марку: 24, 96
19. Царица пише Марку: 96

ПЛАКАЊЕ

1. Вила плаче уплашивши се од Марка: 77
2. Звезда Вечерница плаче јер Марко позива Бога на мегдан: 125
3. Јунак плаче уплашивши се да ће га Марко погубити: 56
4. Јунаци плачу јер им је Марко узео (отео) новац: 106
5. Калуђер плаче видевши да је Марко мртав: 130
6. Калуђер плаче прочитавши да је Марко на самрти: 128
7. Калуђер плаче прочитавши да је Марко рањен: 79
8. Коњ плаче јер предосећа Маркову смрт: 130
9. Љуба плаче јер јој је девер нападнут: 51
10. Љуба плаче (од среће) јер се Марко вратио: 52
11. Мајка плаче за кћерком (Марковом сестром): 19
12. Мајка плаче мислећи да је Марко погубљен: 85, 91
13. Мајка плаче сазнавши да има бољег јунака од Марка: 76

14. Марко плаче видевши побратима: 91
15. Марко плаче да би сузама напојио соколове: 92
16. Марко плаче јер га други туку: 5
17. Марко плаче јер га је цар заробио и бацио у тамницу: 89
18. Марко плаче јер је зулумћар завладао Косовом: 97
19. Марко плаче јер је погубио бољега јунака од себе: 62
20. Марко плаче јер му је Бог одузео снагу: 125
21. Марко плаче јер су му двори похарани: 46
22. Марко плаче (од среће) видевши коња: 63
23. Марко плаче (од среће) пронашавши сестру: 18, 21
24. Марко плаче опраштајући се од живота: 130
25. Марко плаче прочитавши да му је побратим заробљен у тамници: 95
26. Марко плаче прочитавши писмо (писма): 53, 95
27. Марков син (у пеленама) плаче јер га други дирају: 32
28. Невеста плаче јер Марков кум хоће да је обљуби: 25
29. Побратим плаче видевши Марка заробљеног у тамници: 91
30. Побратим плаче јер га је вила ранила: 77
31. Побратим плаче мисливши да је Марко погубљен: 85
32. Побратим плаче прочитавши да је Марко заробљен: 87, 88
33. Побратим плаче прочитавши да је Марко заробљен у тамници: 87
34. Сестра плаче (од среће) пронашавши Марка: 18
35. Сестрић плаче јер је ранио Марка: 71, 72
36. Слуга плаче јер су га Маркови противници тукли: 106
37. Цар плаче видевши рањенога Марка: 64
38. Цар плаче мислећи да је Марко иструнуо у тамници: 62
39. Царица плаче јер Марко хоће да је погуби: 5

ПОВРАТАК

1. Брат се враћа у дворе: 112
2. Марко (и други јунаци) се враћа у дворе: 5, 6, 7, 9, 12, 13, 14, 15, 18, 19, 20, 21, 24, 25, 26, 27, 42, 44, 46, 49, 52, 54, 55, 60, 62, 64, 71, 72, 76, 85, 89, 90, 94, 95, 96, 98, 100, 101, 103, 104, 105, 108, 115, 117, 118, 122, 125, 167

3. Марко (и други сватови) се враћа у младожењине дворе: 28, 29 30, 118
4. Марко се са вилом-љубовцом враћа у дворе: 26
5. Марко се са љубом враћа у дворе: 54, 90, 115
6. Марко се са невестом враћа у дворе: 20, 24, 49
7. Марко се са побратимом (побратимима) враћа у дворе: 24, 60
8. Марко се са посестримом враћа у дворе: 100
9. Марко се са сватовима и невестом враћа у дворе: 24, 25, 49
10. Марко се са сестрићем враћа у дворе: 71
11. Марко се са сестром враћа у дворе: 18, 20

ПОЗИВАЊЕ

1. Брат позива Марка на мегдан: 12, 13, 14
2. Вила позива Марка да изађе из пећине: 164
3. Вила посестрима позива Марка да је спасе: 98
4. Јунак-девојка позива Марка на надметање: 76
5. Јунак позива Марка да пију вино: 62, 73, 84, 88, 97
6. Јунак позива Марка (и друге јунаке) у сватове: 4, 28, 51, 69, 118
7. Јунак позива Марка на крштење: 51, 115
8. Јунак позива Марка на мегдан: 12, 13, 14, 61
9. Јунак позива Марка на надметање: 56, 73, 127
10. Јунак позива Марковог противника на мегдан: 87
11. Јунак позива цара на мегдан: 63, 85, 96
12. Јунакова љуба позива Марка у кулу: 41
13. Јунаци позивају сватове да изврше задатке: 30
14. Коњ позива Марка да устане из гробнице: 163
15. Марко позива Бога на мегдан: 125
16. Марко позива брата да пију вино у опкладу: 16
17. Марко позива брата на надметање: 12, 13
18. Марко позива вилу посестриму да му помогне на мегдану: 5, 62
19. Марко позива јунака да пију вино: 16, 59, 60, 61, 84, 105
20. Марко позива јунака на мегдан: 63, 73, 116, 127
21. Марко позива јунака на надметање: 12, 13, 73
22. Марко позива калуђера да га спаси: 79

23. Марко позива калуђере и јунаке на крсно име: 106
24. Марко позива љубу да га ослободи: 90
25. Марко позива љубу да јој покаже шта је „уловио“: 103
26. Марко позива мајку да јој покаже шта је „уловио“: 103
27. Марко позива оца да му покаже шта је „уловио“: 103
28. Марко позива побратима да га ослободи: 87, 88
29. Марко позива побратима да крену на пут: 23
30. Марко позива побратима да му помогне у тамници: 91
31. Марко позива побратима да пију вино: 61
32. Марко позива побратима у сватове: 24, 25
33. Марко позива побратиме у просидбу: 23
34. Марко позива сестру да га спреми за полазак у просидбу: 23
35. Отац и стричеви позивају Марка да пресуди на коме је царство: 111
36. Побратим позива Марка да му помогне на мегдану: 61
37. Побратим позива Марка да му „честитује“ кулу: 85
38. Побратим позива Марка да пију вино у опкладу: 88
39. Побратим позива Марка на славу: 109
40. Побратим позива Марковог противника на мегдан: 87
41. Побратим позива сестру да изабере просца: 23
42. Побратим позива цара на мегдан: 85
43. Противник позива јунаке да помогну њему, или Марку: 98
44. Цар позива јунаке да га одмене на мегдану: 63, 85, 96
45. Цар позива јунаке да погубе одметника: 62
46. Цар позива Марка да га ослободи: 169
47. Цар позива Марка да му ослободи кћер: 96
48. Цар позива Марка да погуби јунак-девојку: 18
49. Цар позива Марка на диван: 113, 121, 122, 123, 168, 169
50. Цар позива Марка у војску: 51, 64, 115, 116

ПОЛАЗАК

1. Брат полази да доведе Марку изузетног коња: 11
2. Јунак-девојка полази да се обрачуна са Марком: 74
3. Јунак полази да позове Марка на царев диван: 122
4. Јунак полази на мегдан са Марковим побратимом: 87
5. Калуђер и јунаци полазе да пронађу рањенога Марка: 128

6. Калуђер полази у Свету гору да сахрани Марка: 130
7. Љуба полази да ослободи Марка: 90
8. Марко (и други јунаци) полази да се обрачуна са јунак-девојком: 76
9. Марко (и други јунаци) полази међу виле: 77
10. Марко (и други јунаци) полази у лов: 10, 26, 98, 103
11. Марко (и други јунаци) полази у просидбу: 21, 23, 24, 25
12. Марко (и други сватови) полази по јунакову невесту: 28, 29, 30, 69, 118
13. Марко (и други сватови) полази с невестом у младожењине дворе: 28, 29, 30, 69
14. Марко полази да врати змију (св. Недељу): 103
15. Марко полази да зароби цареве одметнике и баци их у тамницу: 61
16. Марко полази да испроси сину девојку: 32
17. Марко полази да казни вилу: 79
18. Марко полази да казни злу жену: 117
19. Марко полази да купи изузетно оружје: 6, 7
20. Марко полази да обиђе земљу: 55
21. Марко полази да обрије браду: 126
22. Марко полази да однесе цару противникову главу: 63
23. Марко полази да освети сокола: 119
24. Марко полази да ослободи побратиме из тамнице: 95
25. Марко полази да ослободи цара: 169
26. Марко полази да ослободи цареву кћер: 96
27. Марко полази да погуби јунак-девојку: 18
28. Марко полази да поткује коња: 99
29. Марко полази да пресуди на коме је царство: 111
30. Марко полази да провери да ли се продаје Света гора: 108
31. Марко полази да прода љубу: 50
32. Марко полази да пронађе благо: 91
33. Марко полази да пронађе брата: 16
34. Марко полази да пронађе воду у гори: 81, 82, 83, 129, 130
35. Марко полази да пронађе „двојника“: 63
36. Марко полази да пронађе изузетног коња: 9
37. Марко полази да пронађе камен за кулу: 6
38. Марко полази да пронађе љуби понуде: 117
39. Марко полази да пронађе рибу за своје крсно име: 105, 165
40. Марко полази да пронађе себи девојку: 20, 70

41. Марко полази да пронађе сестру: 19

42. Марко полази да се надмеће са братом: 12, 13

43. Марко полази да се обрачуна са јунаком: 18, 46, 59, 60, 62, 63, 71, 73, 85, 97, 115, 116, 127, 170

44. Марко полази да се обрачуна са јунаком бољим од себе: 71, 73, 127

45. Марко полази да се обрачуна са царевим противником: 85

46. Марко полази да се причести: 101, 102, 115

47. Марко полази да спаси цареву кћер: 96

48. Марко полази јунаку у сватове: 4, 27, 51

49. Марко полази на крштење: 40, 51

50. Марко полази са љубом у тазбину: 53

51. Марко полази у „свет“: 112

52. Марко полази у Свету гору: 46, 115, 116

53. Марко полази у цареву војску: 42, 51, 64, 115, 116

54. Марко полази цару на диван: 113, 121, 123, 169

55. Отац полази да „улови“ вилу: 2

56. Побратим (јунаци) полази да позове Марка на царев диван: 121, 123

57. Побратим (побратими) полази да ослободи Марка из тамнице: 87, 88

58. Побратим (побратими) полази да пронађе Марка: 60, 85

59. Побратим полази да Марку однесе кутију од злата: 91

60. Побратим полази Марку у сватове: 24

61. Сватови полазе по Маркову невесту: 21, 22, 25, 27

62. Сватови полазе у Маркове дворе: 21

63. Сестрић полази да пронађе Марка 70, 71, 72

64. Слуга полази у Маркове дворе: 10

ПОМОЋ

1. Вила помаже Марку на мегдану: 5, 11, 62

2. Виле помажу Марку у тамници: 84

3. Девојка помаже Марку у тамници: 84, 85, 87

4. Животиње помажу Марку да ухвати вилу: 26, 77, 78, 79, 80

5. Кириције помажу Марку на мегдану: 108

6. Коњ помаже Марку да ухвати вилу: 78, 80

7. Коњ помаже Марку на мегдану: 15, 67, 95, 96, 98, 101, 115

8. Крмарица помаже јунацима да погубе Марковог брата: 12, 13
9. Крчмарица помаже Марку у тамници: 84
10. Љуба помаже Марковом противнику: 45
11. Љуба помаже Марку да добије опкладу: 54, 55
12. Љуба помаже Марку да се ослободи: 90
13. Марко помаже вилама: 5, 6
14. Побратим помаже Марку: 91
15. Птица помаже рањеном Марку: 79, 93, 94, 128
16. Тамничар помаже Марку: 91
17. Царева кћер помаже Марку у тамници: 85

ПРАШТАЊЕ

1. Змија (св. Недеља) прашта Марку живот: 103, 104
2. Јунак прашта Марку живот: 70
3. Марко прашта брату што се уплашио од јунака: 14
4. Марко прашта вили живот: 77, 78
5. Марко прашта јунаку (јунацима) живот: 24, 44, 56, 97
6. Марко прашта цару и царици живот: 5
7. Отац прашта Марку што га је (у незнању) претукао: 4

ПРЕВАРА

1. Брат превари Маркову љубу: 49
2. Вила љубовца превари Марка: 26
3. Вила превари Марковог побратима: 110
4. Љуба превари хајдучког харамбашу: 53
5. Крчмарица превари Марковог брата: 12, 13
6. Марко превари аждаху: 84
7. Марко превари вилу бродарицу: 82, 83
8. Марко превари девојку која га је ослободила: 86
9. Марко превари девојчиног оца: 30
10. Марко превари дете-јунака: 73
11. Марко превари злу жену: 117
12. Марко превари јунак-девојку: 74, 76

13. Марко превари јунака (јунаке) који га је заробио: 19, 88, 90, 91, 105
14. Марко превари јунака који му је похарао дворе: 115, 116
15. Марко превари ковача: 62
16. Марко превари побратима: 127
17. Марко превари сестрића: 71, 72
18. Марко превари хајдучког харамбашу: 45
19. Марко превари цара: 89
20. Марко превари царевог одметника (одметнике): 61, 62
21. Марко превари цина: 29
22. Мртво тело „превари" Марка: 127
23. Сестра превари Марка: 19
24. Слуга превари Марка: 10
25. Слуга превари Маркову љубу: 10
26. Цар превари Марка: 85

ПРЕДОСЕЋАЊЕ

1. Коњ предосећа Маркову смрт: 130
2. Марко предосећа невољу: 56, 98, 115
3. Марко предосећа смрт: 128, 130
4. Цар предосећа невољу: 63

ПРЕДСКАЗИВАЊЕ

1. Вила предсказује Марку смрт: 130
2. Вода предсказује Марку смрт: 130
3. Сан предсказује Марку оно што ће се догодити: 11, 89, 98, 115
4. Суђаје предсказују Марку судбину: 4

ПРЕПОЗНАВАЊЕ

1. Брат препознаје противника: 15
2. Вила посестрима препознаје Марка: 98
3. Виле препознају Марковог побратима: 77, 78
4. Девојка препознаје Марка: 18, 34

5. Коњ препознаје Марка: 63
6. Коњ препознаје Марковог побратима: 121
7. Љуба препознаје Марков прстен: 10
8. Љуба препознаје Марковог коња: 116
9. Мајка препознаје кћер (Маркову сестру): 20
10. Марко препознаје братовљеву главу: 12
11. Марко препознаје љубу: 54, 90
12. Марко препознаје очеву сабљу: 113, 114
13. Марко препознаје противнике: 45
14. Марко препознаје сестру: 18, 19
15. Побратим препознаје Марка: 23
16. Побратим препознаје Марковог коња: 85
17. Птица препознаје Маркову крв: 128
18. Сестра препознаје Марка: 18, 19
19. Снаха препознаје Марка: 16

ПРЕРУШАВАЊЕ

1. Љуба се прерушава у јунака: 54
2. Љуба се прерушава у калуђера: 90
3. Марко се прерушава у јунака: 19, 61
4. Марко се прерушава у калуђера: 37, 46, 52, 76, 108, 115, 116
5. Побратим се прерушава у Марка: 54
6. Побратими се прерушавају у калуђере: 88
7. Сестра се прерушава у Марка: 142

ПРЕТЊА

1. Вила прети Марку: 80, 82, 129
2. Јунак прети Марку (и другим јунацима): 59, 60, 61, 68, 70, 71, 96, 98, 102, 105, 116
3. Марко прети вили: 78, 80
4. Марко прети вуку: 128
5. Марко прети јунаку (јунацима): 72, 98, 106, 121, 122
6. Марко прети кадији: 56
7. Марко прети коњу: 78
8. Марко прети мајци: 136
9. Марко прети цару: 5, 89, 113, 121, 122, 123, 168

ПРЕСРЕТАЊЕ

1. Вила пресреће Марка (и друге јунаке): 77
2. Змај пресреће јунакове сватове: 4, 28, 69
3. Марко (и други јунаци) пресреће сватове: 24, 27, 96
4. Марко пресреће девојке: 38
5. Хајдуци пресрећу Марка и љубу: 45
6. Џин пресреће јунакове сватове: 29

ПРОДАЈА

1. Јунак (јунаци) продаје оружје: 6, 7, 114
2. Јунак (јунаци) продаје изузетно оружје: 6, 7
3. Марко продаје коње: 98
4. Марко продаје љубу: 50
5. Цар продаје Свету гору: 108
* Вила бродарица наплаћује водарину: 81, 82, 83

ПРОЛАЗАК

1. Брат пролази кроз гору осећајући жеђ: 12, 13
2. Марко (и други јунаци) пролази кроз гору: 4, 5, 12, 13, 14, 15, 18, 20, 21, 23, 26, 27, 28, 29, 30, 31, 40, 41, 45, 52, 53, 61, 65, 67, 68, 69, 70, 71, 72, 75, 77, 78, 79, 81, 82, 83, 94, 95, 97, 98, 99, 101, 102, 103, 105, 110, 115, 117, 119, 120, 121, 122, 129, 130, 167
3. Марко (и други јунаци) пролази кроз град: 20, 35, 38, 39, 46, 49, 56, 59, 60, 72, 89, 96
4. Марко пролази кроз гору осећајући жеђ: 81, 82, 83, 129
5. Марко пролази с љубом кроз гору: 45, 53
6. Маркови сватови пролазе кроз гору: 21, 25
7. Цар пролази кроз гору: 5

ПРОНАЛАЖЕЊЕ

1. Вила проналази Марку изузетног коња: 11
2. Вила проналази Марку изузетно оружје: 6, 7

3. Животиње проналазе рањеног Марка: 128
4. Калуђер и јунаци проналазе рањеног Марка: 128
5. Калуђери проналазе мртвог Марка: 130
6. Марко проналази брата: 16
7. Марко проналази воду у гори: 81, 82, 129, 130
8. Марко проналази очевог коња: 9
9. Марко проналази сестру: 18, 19, 20, 21
10. Побратими проналазе Марка: 60
11. Соко проналази болесног Марка: 93

ПРОСИДБА

1. Марко (и други јунаци) проси себи девојку: 21, 22, 23, 24, 25, 49
2. Марко проси сину (у пеленама) девојку: 32
3. Марко проси удовицу: 6
* Девојка одбија Марка (и друге просце): 22, 23
* * Удовица одбија Марка (и друге просце): 6

ПРОСЛАВЉАЊЕ

1. Јунак прославља што је заробио Марка: 84
2. Марко (и други сватови) прославља јунакову женидбу: 4, 30
3. Марко прославља крсно име: 26, 91, 105, 106, 115, 165
4. Марко прославља сестрину удају: 26
5. Марко прославља синовљево рођење: 26
6. Отац прославља Марково (и других јунака) рођење: 1, 4
7. Отац прославља Маркову женидбу: 3
8. Побратим прославља крсно име: 109

РАЊАВАЊЕ

1. Вила рањава Марка: 79
2. Вила рањава Марковог побратима: 77, 78
3. Јунак (јунаци) рањава Марка: 5, 64, 71, 98, 115
4. Јунак рањава Марковог сокола: 119

5. Противничка војска рањава Марка: 64, 115
6. Сестрић рањава Марка: 71
* Рањени Марко лежи крај друма: 94

РАСПИТИВАЊЕ

1. Вила се распитује од којег је рода Марко: 6
2. Девојка се распитује за Марково здравље: 37
3. Јунак се распитује за цену Маркове љубе: 50
4. Јунак-девојка се распитује за Марка: 18, 75
5. Јунак-девојка се распитује од којег је рода Марко: 18
6. Јунаци се распитују за Марково јунаштво: 16
7. Коњ се распитује од којег је рода Марко: 9
8. Марко се распитује да ли ико има боље оружје од њега: 62
9. Марко се распитује да ли има бољег јунака од њега: 72, 73
10. Марко се распитује за брата: 16
11. Марко се распитује за вилу бродарицу: 83
12. Марко се распитује за јунаково оружје: 113, 114
13. Марко се распитује за љубине грехе: 47, 52
14. Марко се распитује за љубу: 51, 52
15. Марко се распитује за мајчине грехе: 52
16. Марко се распитује за очевог коња: 9
17. Марко се распитује за противника: 59, 60, 62, 72, 73, 97
18. Марко се распитује од којег је рода девојка: 20
19. Марко се распитује од којег је рода јунак: 70, 71, 72
20. Отац се (не препознајући га) распитује од којег је рода Марко: 4
21. Побратим се распитује за Марка: 91
22. Побратим се распитује од којег је рода Маркова невеста: 21
23. Противник се распитује за Марка: 10
24. Цар се распитује за Марково здравље: 62, 115

РАЂАЊЕ

1. Вила рађа Марка (и друге јунаке): 2, 3
2. Вила рађа Марку сина: 26

3. Жена рађа Марка (и друге јунаке): 1, 4, 12, 14, 62, 76, 118, 132
4. Жена рађа Марку чедо: 49
* Вила доји Марка: 6, 131

САВЕТОВАЊЕ

1. Брат (на самрти) саветује Марка шта да чини: 17
2. Вила љубовца саветује Марка да је не открива: 26
3. Вила саветује друге виле да не стрељају по гори јунаке док је Марка: 78
4. Вила саветује Марка да се не бори недељом: 62
5. Вила саветује Марка како да погуби противника: 62, 116
6. Вила саветује Марка како да пронађе изузетног коња: 11
7. Вила саветује Марка како да се увери да ће умрети: 130
8. Вила саветује Марка како да утоли жеђ: 81
9. Вила саветује Марка шта да чини кад је у невољи: 6
10. Вила саветује Маркову сестру како да прође гором: 26
11. Девојчина мајка саветује Марка кога да позове у сватове: 25
12. Гора „саветује“ Марка како да утоли жеђ: 129
13. Девојка саветује младожењу кога да позове у сватове: 30
14. Јунак саветује Марка да се не открива: 63
15. Јунак саветује Марка како да спасе живот: 63
16. Јунак саветује Маркову љубу како да га погуби: 45
17. Јунак саветује младожењу да узме Марка за кума: 27
18. Јунаци саветују Маркову мајку шта да ради: 91
19. Коњ саветује Марка да му пусти крила: 55
20. Коњ саветује Марка да прода мајку: 50
21. Љуба саветује јунака да бежи како га Марко не би затекао: 42
22. Мајка саветује Марка како да куша љубу: 43
23. Мајка саветује Марка како да погуби противника: 46, 108
24. Мајка саветује Марка да не носи оружје: 101, 105
25. Мајка саветује Марка да пође у „свет“: 5
26. Мајка саветује Марка да праведно пресуди: 111
27. Мајка саветује Марка да прода љубу: 50
28. Мајка саветује Марка да се остави четовања: 124
29. Мајка саветује Марка како да спасе Свету гору: 108

30. Мајка саветује Марка кога да позове у просидбу (сватове): 24, 25
31. Мајка саветује Марка којем позиву да се одазове: 51, 53, 115, 116
32. Мајка саветује Марка с ким да отме девојку: 24
33. Марко (на самрти) саветује јунаке да се чувају од противника: 128
34. Марко саветује брата како да провере ко је бољи јунак: 12, 13, 14
35. Марко саветује брата како да се понаша: 11, 15
36. Марко саветује брата како да утоли жеђ: 12, 13
37. Марко саветује гаврана како да однесе писмо: 128
38. Марко саветује јунаке како да уђу у град: 115, 116
39. Марко саветује љубу како да га ослободи: 90
40. Марко саветује љубу како да се понаша: 42, 51
41. Марко саветује орла како да однесе писмо: 79
42. Марко саветује побратима да не ломи јунаков виноград: 58
43. Марко саветује побратима да се ожени вилом: 77
44. Марко саветује противника како да га погуби: 19
45. Марко саветује сватове да не дају оружје: 28, 30
46. Марко саветује сестрића како да изврши задатак: 31
47. Марко саветује сокола како да украде вили окриље: 26
48. Марко саветује цареву кћер да га не открива: 96
49. Побратим саветује Марка да не убије охолу девојку: 23
50. Побратим саветује Марка да се не оглашавају песмом кроз гору: 77
51. Побратим саветује своје слуге како да дочекају Марка: 23
52. Посестрима саветује Марка како да љуби донесе понуде: 117
53. Сестра саветује Марка како да куша љубу: 44
54. Сунце саветује Марка где да сакрије сина: 166
55. Чобанин саветује Марка да не пије затровану воду: 82

САЊАЊЕ

1. Марко сања вилу посестриму: 11
2. Марко сања похаране дворе: 115
3. Марко сања птице: 89, 98
* Марко спава: 10, 11, 19, 20, 25, 53, 55, 78, 84, 88, 89, 115, 121, 122

САХРАЊИВАЊЕ

1. Јунаци сахрањују Марка: 128
2. Калуђер и јунаци сахрањују Марковог коња: 128
3. Калуђер сахрањује Марка: 128, 130
4. Марко (и други јунаци) сахрањује побратима: 110
5. Марко сахрањује главе јунака: 97
6. Марко сахрањује коња: 130
7. Марко сахрањује мајку: 91
8. Сестра сахрањује погубљене противнике: 18

СЕСТРИМЉЕЊЕ

1. Љуба сестрими змију (св. Недељу): 103
2. Марко сестрими вилу бродарицу: 83
3. Марко сестрими девојку: 84, 87
4. Марко сестрими Звезду Вечерницу: 72
5. Мајка сестрими змију присојкињу: 91
6. Марко сестрими крчмарицу: 84

СМЕЈАЊЕ

1. Љуба се насмеја читајући Марково писмо: 91
2. Марко се насмеја вечерајући с мајком: 16, 19, 43, 66, 67, 68, 73, 99
3. Марко се насмеја вили: 79
4. Марко се насмеја девојкама: 22, 98
5. Марко се насмеја јунаку (јунацима): 23, 61, 97, 100
6. Марко се насмеја кумовој мајци: 118
7. Марко се насмеја мајци: 8, 43
8. Марко се насмеја погубљеном јунаку: 97
9. Марко се насмеја снахи: 16
10. Марко се насмеја старцу (Богу): 125
11. Посестрима крчмарица се насмеја Марковом противнику: 105
12. Стриц се насмеја Марку: 126
13. Цар се насмеја Марку: 51, 119

СПАСАВАЊЕ

1. Вила посестрима спасава Марка: 6
2. Глас из цркве „спасава" Марка: 111
3. Јунак спасава Марка: 63
4. Кума спасава Марка: 40
5. Љуба спасава Марка: 54
6. Мајка спасава Марка: 91
7. Марко спасава јунака (јунаке): 4, 28, 29, 57, 64, 116
8. Марко спасава орла и орлушиће: 94
9. Марко спасава сватове и невесту: 4, 28, 29
10. Марко спасава Свету гору: 108
11. Марко спасава сокола: 93
12. Марко спасава цара и његову војску: 64, 115

СПРЕМАЊЕ

1. Јунак се спрема за обрачун са Марковим побратимом: 87
2. Љуба се спрема да је Марко прода: 50
3. Љуба спрема Марка за полазак: 51, 101
4. Љуба спрема Марковог коња за полазак: 10, 101
5. Мајка спрема Марка за полазак: 16, 19, 21, 25, 98
6. Марко (и други јунаци) се спрема за полазак међу виле: 77
7. Марко (и други јунаци) се спрема за полазак у побратимо-
   ве дворе: 77
8. Марко (и други јунаци) спрема коња за полазак: 12, 21, 25,
   46, 50, 55, 59, 60, 72, 77, 79, 95, 96, 98, 102, 105, 111, 135
9. Марко се спрема за обрачун и мегдан са противницима: 25,
   46, 59, 60, 62, 63, 64, 72, 79, 85, 95, 96
10. Марко се спрема за обрачун са кумом и девером: 25
11. Марко се спрема за полазак да пресуди на коме је царство:
    111
12. Марко се спрема за полазак на диван цару: 113
13. Марко се спрема за полазак у лов: 8, 98
14. Марко се спрема за полазак у просидбу: 21, 23, 25, 70
15. Марко се спрема за полазак у цареву војску: 42, 51, 115
16. Марко се спрема за полазак у цркву: 101, 102
17. Марко се спрема да ослободи побратима из тамнице: 95

18. Марко се спрема да пронађе брата: 16
19. Марко се спрема да пронађе сестру: 19
20. Марко се спрема да спасе цареву кћер: 96
21. Марко спрема коња за продају: 50
22. Отац спрема коња да „улови“ вилу: 2
23. Побратим се спрема да ослободи Марка из тамнице: 87
24. Побратим се спрема за полазак Марку у сватове: 24
25. Сестра спрема Марка за полазак: 23
26. Слуге спремају Марковог коња за полазак: 23, 63

СТРАХ

1. Брат се боји противника: 14, 15
2. Вила се боји Марка: 77, 78, 79, 80
3. Девојка се боји Марка: 170
4. Јунак (јунаци) се боји Марка: 14, 23, 27, 43, 58, 63, 64, 67, 70, 95, 96, 97, 105, 106, 119, 121, 130
5. Јунакова снаха се боји Марка: 95
6. Јунаци се боје Марковог оружја: 106
7. Кадија се боји Марковог оружја: 56
8. Коњ се боји Марка: 9
9. Љуба се боји да пева кроз гору: 45, 53
10. Љуба се боји змије (св. Недеље): 104
11. Љуба се боји Марка: 42, 45
12. Мајка се боји да ће Марко погинути: 69
13. Мајка се боји змије (св. Недеље): 103, 104
14. Марко (и други јунаци) се боји змаја: 28, 69
15. Марко (и други јунаци) се боји јунак-девојке: 75
16. Марко се боји Бога: 96, 111
17. Марко се боји болести: 20
18. Марко се боји виле: 6, 26, 82
19. Марко се боји да га неће ослободити из тамнице: 87
20. Марко се боји да му јунак не похара дворе: 115
21. Марко се боји јунака: 24, 28, 58, 61, 70, 96, 108, 127
22. Марко се боји ружног сна: 98, 115
23. Марко се боји св. Јована: 96
24. Марко се боји старости: 126
25. Отац се боји змије (св. Недеље): 104

26. Побратим се боји да пева кроз гору: 77, 78
27. Побратим се боји Марка: 23
28. Сватови се боје змаја: 4
29. Сестра се боји Марка: 19
30. Слуга се боји Марка: 105
31. Цар се боји Марка: 89, 113, 119, 121, 122, 123, 168

ХАРАЊЕ

1. Јунак хара Марку дворе: 46, 115, 116
2. Марко (и други јунаци) хара јунаку дворе: 19, 59, 60, 61, 63, 84, 115, 116
3. Марко (и други јунаци) хара противнички град: 64, 115, 116
4. Марко хара крмарици механу: 12
5. Цар хара Марку град и дворе: 5

ХВАЛИСАЊЕ

1. Звезда Вечерница хвали Марково јунаштво: 125
2. Кум се хвали бројним обљубама: 25
3. Љуба хвали Марково јунаштво: 55
4. Мајка хвали Марково јунаштво: 76, 110
5. Марко се хвали бројним мегданима: 77
6. Марко се хвали бројним обљубама: 40
7. Марко се хвали верном и мудром љубом: 54
8. Марко се хвали вилом љубовцом: 26
9. Марко се хвали вилом посестримом: 77
10. Марко се хвали добрим коњем: 19, 130
11. Марко се хвали како га нико није преварио: 84
12. Марко се хвали како нема бољег јунака од њега: 125, 130
13. Марко се хвали хитрошћу: 67, 68
14. Побратим се хвали оружјем: 54
15. Побратим се хвали прослављењем крсног имена: 109
16. Побратими се хвале јунаштвом: 61
17. Противник се хвали бројним мегданима: 59, 60, 170
18. Цар се хвали како је Марку похарао дворе: 5

ЧИТАЊЕ

1. Јунакова љуба чита Марково писмо: 95
2. Калуђер чита Марково писмо: 79, 128, 130
3. Љуба чита Марково писмо: 46, 91
4. Марко чита књиге старославне: 111
5. Марко чита писмо: 5, 24, 46, 51, 53, 59, 85, 96, 112, 116
6. Цар чита Марково писмо: 24, 63

НАПОМЕНА УЗ РЕГИСТАР ФУНКЦИЈА

Регистар функција на основу народних песама о Марку Краљевићу није први пример и покушај индексације у нашој науци о усменом фолклору. Такав вид систематизације (Индекс тема и мотива) публикован је у *Антологији народних песама о Марку Краљевићу*. Регистар функција, о којем је овде реч, иако настао на сличним теоријским основама, модификован је у односу на поменути индекс (аналитички детаљнији, другачије систематизован, допуњен новим функцијама и проширен већим бројем записа песама).

Основне карактеристике Регистра

У Регистар нису ушли сви примери наведени у Регистру песама.

Преглед функција дат је азбучним редом.

Све функције су систематизоване у оквиру општих појмова (означених најчешће глаголском именицом, верзалним словима), и обележаване арапским бројевима.

Бројеви након „двотачке" означавају бројеве песама (на основу редоследа у Регистру песама).

Напомене у заградама у оквиру одређених функција односе се првенствено на множинске облике, чиме се показује да у неким примерима песама одређену функцију истовремено врши већи број ликова, нпр. Марко (*и други јунаци*), или уколико се она односи само на друге јунаке (*јунаци*). Није се при том тежило дефинитивном прецизирању, обележавању множинских облика у сваком примеру, већ је на овај начин дата само општа напомена тамо где је то било нужно. Потпуна конкретизација и прецизирање додатно би оптерећивали и проблематизовали функционалност Регистра, јер се у одређеном броју песама јављају и сингуларни и множински облици у вези са истом радњом (нпр. код функција проласка, пијења итд.).

У Регистар улазе сви они поступци који доприносе Марковој што комлекснијој карактеризацији, све што је у најнепосреднијој вези са грађењем његове епске биографије. При томе Марко се карактерише као активни субјекатски чинилац (нпр. *Марко ослобађа робље*), али и као „пасивни" лик над којим се извршавају поступци других актера (*љуба ослобађа Марка*). На тај начин, Марков лик се не разматра искључиво из перспективе само његових поступака, већ и из обзора поступака других субјеката и носилаца функција.[1]

Марко је у потпуности индивидуализован и конкретизован (означен номиналном властитом именицом), док су сви остали ликови окарактерисани општим појмовима – заједничким именицама (*мајка, отац, брат, љуба, јунак* итд.). Испред ових заједничких појмова, због једноставности формулација, није посебно назначавано да су ови ликови у најнепосреднијој вези са Марком (нпр. само *сестра*, или *сестрић*, а не Маркова сестра, или Марков сестрић), јер се ове релације подразумевају. То наравно није случај и са одредницама јунак, цар, девојка итд., које су семантички потпуно аутономне. При томе се Марко и цар (наравно и сви женски ликови) никада не уопштавају под појмом *јунак*, док се то чини са осталим мушким ликовима (нпр. отац, брат, сестрић итд.).

Звездицама су назначене све оне функције (мотиви) које су од значаја за елементе Маркове карактеризације, а које се доводе у семантичку везу са појмом под којом су дате.

Формулације функција су у складу са језичко-стилским особеностима и вокабуларом анализираних песама.

Код поступака даривања, награђивања и отимања, појам „благо" узет је као део лексике песама, док се општи појам „новац" користи за мању количину дуката, цекина, који имају конкретну употребну („потрошачку") вредност. Под функци-

---

[1] Овакав приступ темељи се на преласку са „привилегованог" јунаковог или казивачевог гледишта у „схему множинских перспектива" својствену различитим извршиоцима и носиоцима функција (вид. Klod Bremon, *Logika narativnih mogućnosti*, 80).

јом *обрачуна* подразумева се искључиво погубљење противника, док се под *борбом* поимају сукоби јунака који се не завршавају погубљењем, као и развијенији облици мегдана. Кажњавање смрћу (иако означава погубљење) не представља у правом смислу облик борбе или мегдана, те се у овом случају налази у оквиру функције *кажњавања*.

РЕГИСТАР ПЕСАМА

1. Женидба краља Вукашина (Караџић, СД, V, 25)[1]
2. Краљ Вукашин ухвати вилу и жени се њоме (Богишић, 85)
3. Kralj Vukašin i vila Mandalina (MX, I, 51)
4. Марко и трите наречници (Цепенков, I, 10)
5. Mali pastir (ИНП, II, 1)
6. Крали Марко добива сила и оръжие (БНТ, I, стр. 124)
7. Сабја (Милад. – Зборник, 124)
8. Маркове сабље (Бос. вила, X, бр. 5, стр. 76)
9. Марко си намира чуден кон (СбНУ Епос, 164)
10. Šarac Marka Kraljevića (MX, II, 39)
11. Марко Кралѣвић купуе Шарца (Антологија, 11)
12. Bratja Kraljevići: Marko i Andria (Јукић – Мартић, 1)
13. Турство (Милутиновић – А, 6)
14. Свакојако бољи Марко (Милутиновић – А, 36)
15. Марко и Андрія Кралѣвићь, и Бегъ Подунавацъ; или Неѥднакостъ браће (Стеић, 4)
16. Краљевић Марко и брат му Андреја (Караџић, I, 3 и 4, стр. 68)
17. Марко Краљевић и брат му Андријаш (Пантић, стр. 44)
18. Шаина робина и Марко (Милад. – Зборник, 146)
19. Marko Kraljević i ban od Vipera (Јукић – Мартић, 2)
20. Marko Kraljević nađe svoju sestru (MX, II, 35)
21. Женитба Кралѣвића Марка или Чудный догађай (Стеић, 2)
22. Дјевојка надмудрила Марка (Караџић, СД, V, 41)
23. Сестра Леке капетана (Караџић, СД, V, 40)
24. Марко Краљевић жени се из Беча (Вила, II, бр. 7, стр. 97)
25. Женидба Марка Краљевића (Караџић, СД, V, 56)
26. Ženidba Marka Kraljevića (MX, II, 19)

---

[1] У загради су дате скраћенице (вид. Скраћенице и извори).

166. Без наслова (Миладиновић, II, стр. 431)
167. Како Марко Вукашиновић Краљевић би од Босанкиње дјевојке изружен око г. 1370 (Богишић, 3)
168. Марко Краљевић пије уз рамазан вино, носи зелену доламу и игра уз Туркиње уз пркос царевој забрани (Богишић, 90)
169. Пјесна од Краљевића Марка како погуби царева поклисара (Богишић, 92)
170. Мегдан Краљевића Марка са Сибињанин Јанком (Богишић, 88)

CIP - Каталогизација у публикацији
Народна библиотека Србије, Београд

821.163.41.09-13:398
821.163.09-13:398

ЗЛАТКОВИЋ, Иван
    Епска биографија Марка Краљевића : тематско-мотивска основа / Иван
Златковић. - Београд : Рад : Културно просветна заједница Србије : Институт за умет-
ност и књижевност, 2006 (Лазаревац : Елвод-принт). - 271 стр. ; 21 cm. - (Библиотека
Вуков сабор)

Тираж 500. - Белешка о аутору: стр. 259. - Напомене и библиографске референце уз
текст. - Библиографија: стр. 239-255. - Summary. - Регистри.

ISBN 86-09-00929-7 (Рад)

а) Марко Краљевић (око 1335-1395) б) Српска народна поезија, епска - Ликови - Марко
Краљевић (око 1335-1395) ц) Јужнословенска народна поезија - Ликови - Марко Краље-
вић (око 1335-1395)
COBISS.SR-ID 131505164